행복에 관한 모든 질문

행복의 개념부터
행복을 만드는 방법까지

행복에 관한
모든 질문

이국희 지음

주니어태학

인간은 행복을 위해 살고 죽는 호모 해피니쿠스Homo Happinicus입니다. 살아 있는 동안 행복하기 위해 최선을 다합니다. 이런 노력을 생각하면, 모든 사람이 행복해야 할 것 같은데, 실제로는 그렇지 않죠. 저를 비롯한 행복 연구자들조차 그다지 행복하지 않으니까요. 행복에 대해 연구하는 과정이 힘들고, 고될 때가 있습니다. 스트레스받는 일도 많고요.

어느 날 문득 이런 생각이 들더군요. 행복은 모든 순간을 '하하, 호호' 하며 지내는 상태가 아니라고요. 이런 생각도 들었습니다. 모든 순간 하하 호호 하는 사람만 행복을 연구하고, 가르칠 자격이 있다면, 이 세상에 행복을 가르칠 수 있는 사람은 아무도 없을 거라고 말이죠. 그랬더니 마음이 한결 편해졌습니다. 행복은 지금 하하 호호 하는 것과 관련이 없더라고요. 행복은 내 인생 전체를 건강하게 만들어 가고 있는지와 관련 있는 것이지, 지금 쾌감을 맛보고 있는지 아닌지로 판단할 수 있는 게 아니니까요.

스탠퍼드대학교 심리학자 켈리 맥고니걸이 자신의 책 《스트레스의 힘》에서 말했듯이 스트레스 없는 삶은 결코 행복한 삶이 아닙니다. 스트레스 없는 삶은 내 인생을 건강하게 만드는 활동을 아무것도 하고 있지 않다고 고백하는 것이나 다름없습니다. 게으르고 가치 없게 살고 있다고 말이지요.

행복한 삶을 위해서는 스트레스가 필요합니다. 여기서 스트레스는 남이 주는 것이 아니라 자발적으로 받는 스트레스를 말합니다. 흔한 예로 건강해지려면 꾸준히 운동을 해야 하잖아요. 운동을 좋아하는 사람도 있지만 대부분은 건강을 위해 꾹 참고 합니다. 건강을 위해 꾹 참고 운동을 할 때 받는 이런 종류의 스트레스를 '좋은 스트레스'라 하고, 행복하려면 이런 좋은 스트레스가 꼭 필요합니다. 좋은 스트레스를 받을 만한 일을 스스로 계획하고, 실천해 가다 보면 행복해질 거라고 조심스레 말씀드려 봅니다.

다시 강조하지만, 행복은 달콤한 사탕이 아닙니다. 행복하자고 사탕만 먹고, 아이스크림만 먹고, 과자만 먹으면 건강을 잃겠죠. 이런 건 가짜 행복입니다. 진짜 행복은 선뜻 먹기 어렵고, 먹을 때 약간 얼굴을 찌푸리게 되는 쓴 약과 같습니다. 쓴 약이 나를 살리고, 나를 건강하게 만든다는 사실을 기억하세요!

이 책은 3장으로 구성돼 있습니다. 1장 〈행복의 정의〉에서는 행복이 과연 무엇인지 묻습니다. 행복을 어떻게 정의하느냐에 따라 그 사람이 추구하는 것, 행동하는 것, 말하는 것, 판단하는 것, 가치 있게 여기는 것, 먹는 것, 입는 것, 보는 것, 고르는 것 등이 모두 달라집니다. 행복을 제대로 정의하는 것이 중요한 이유입니다.

2장 〈행복에 관한 여러 실험〉은 나는 지금 행복한지, 어느 정도 행복한지 등 행복을 과학적으로 측정해 봅니다. 검증된 여러 실험을 소개합니다. 행복이 무엇이고 내가 얼마나 행복한지 측정해 보았으니, 3장 〈좀 더 행복해지려면〉에서는 더 행복해지기 위해 어떻게 해야 할지 방법을 제시합니다. 즉 '바람직한 행복의 정의를 어떻게 내 삶에서 구현해 낼 것인지' 알려 줍니다. 행복을 만들어 가는 것이 곧 인생을 만들어 가는 것입니다.

이 책은 꼭 순서대로 읽지 않아도 됩니다. 흥미를 끄는 질문부터 읽어도 좋습니다. 학교에서 행복 수업 교재로 많이 활용하면 좋겠다는 바람도 품어 봅니다. 부디 이 책을 읽기 전과 후의 삶이 다르길 빌겠습니다.

차례

3장 좀 더 행복해지려면

1

행복의 정의

과거에는 행복을
어떻게 정의했을까

행복이란 무엇일까요?

국어사전에서는 행복을 다음처럼 정의해 놓았습니다.

복된 좋은 운수

왜 행복을 '행운'이라고 정의했을까요? 사전의 정의는 오랜 세월에 걸쳐 사람들이 생각한 것을 담아낸 것이죠. 이 말은 선조들이 행복을 행운이라고 생각했다는 뜻입니다. 왜 그렇게 생각했을까요? 이유들을 살펴볼게요.

행복은
하늘에 달렸다!

먼저 과거에는 날씨를 예측하기 어려웠습니다. 농경 사회에서는 더 그랬죠. 날씨가 농사의 성공과 실패를 좌우했으니까요. 사과 당도를 높이려고 좀 늦게 따기로 했는데, 느닷없이 서리가 내렸다고 생각해 보세요. 언 사과를 보며 농부는 얼마나 속상했을까요. 이런 일을 거듭 겪으면서 농부는 자신의 노력 여부가 아니라 하늘의 '뜻'에 농사의 성패가 달렸다고 믿게 되었을 겁니다.

두 번째, 과거에는 자연을 통제하기 어려웠습니다. 지금은 더우면 에어컨을 틀고, 추우면 보일러를 틀죠. 걷기보다 자동차를 타고 이동하고요. 이렇게 기술이 발전하기 전에는 더위나 추위를 온몸으로 견디고 그저 어디든 걸어가야 했습니다. 해가 지면 어두워 돌아다니기 어려웠고요. 이렇다 보니 과거에는 내일 할 일을 계획해도 자연이 도와주지 않으면 소용이 없었죠. 자연스레 사람들은 행복이란 건 자기 힘으로 얻을 수 있는 것이 아니라고 생각했을 겁니다.

세 번째, 과거에는 전염병도 통제하기 어려웠습니다. 과거에는 지금처럼 예방 접종이라는 개념 자체가 없었고, 백신도 없었죠. 천연두나 홍역 같은 전염병이 돌면 많은 사람이 속수무책으로 죽었습니다. 당시 사람들에게 전염병은 지진이나 허리케인 같은 천재지변이자, 하늘이 인간에게 내리는 형벌이었습니다. 꼼짝없이 당할 수밖에 없는 것이었죠. 사람들은 인간의 운명과 행복이라는 건 결국 하늘이 결정한다고 생각할 수밖에 없었습니다.

네 번째, 과거는 신분제 사회였습니다. 신분은 자신이 결정할 수 없는 것이었죠. 태어나 보니 왕족이고, 양반이고, 노비였으니까요. 신분제는 태어나는 순간 행복한 삶과 불행한 삶을 결정해 버리는 제도였습니다. 왕, 귀족으로 태어나면 평생 부유하고 자아실현을 하며 살 수 있지만, 평민이나 천민으로 태어나면 평생 가난하고 자아실현은 꿈도 꿀 수 없었죠.

이런 배경들 때문에 과거 사람들은 행복을 그저 운이라고 생각한 거지요.

행복 개념이 삶에 미친 것

과거 사람들은 행복은 하늘의 뜻이라고 믿었는데요, 이런 생각은 삶에 과연 어떤 영향을 미쳤을까요?

우선 자신이 인간이라는 이유만으로 존중받을 수 있는 존재임을 몰랐겠죠. 백정이니 노비니 차별받는 것이 당연하다고 여겼을 겁니다.

두 번째, 사람은 보통 자기 삶을 스스로 통제하길 바라는데, 과거 사람들은 이런 생각을 하지도 못한 채 살았을 겁니다. 과거 사람들의 마음을 어떻게 아냐고요? 앞에서 말했듯이 과거에는 일단 날씨를 예측할 수 없었잖아요. 그것만으로도 통제할 수 없는 일을 겪은 거지요. 아무리 농사를 열심히 지어도 큰 태풍 한번 지나가면 농작물이 다 죽어 버리니까요.

세 번째, 새로운 것을 배우고 싶어도 그럴 수 없었을 겁니다. 신분제 사회에서는 누구나 배울 수 없죠. 조선 시대만 해도 양반들, 그중에서도 남성들이나 편하게 글을 배울 수 있었으니까요.

물론 지금 시대라고 해서 모든 욕구를 다 충족할 수 있는 건 아닙니다. 인간으로서 존중받지 못해 괴로워하는 사람도 있고, 자기 뜻을 펼치며 자유롭게 살지 못하는 사람도 많죠. 배우고 싶은 만큼 배울 수 없는 사람들도 있고요.

그렇더라도 지금 사람들은 '갈증'은 느낍니다. 하지만 과거의 사람들은 욕구를 품는다는 것 자체를 상상하지 못했을 겁니다. 그런 점이 차이라면 차이일 수 있겠네요.

행복 정의에 따라
실제 행복감이 달라질까

한국 사람들은 행복을 행운으로 여겼는데, 다른 나라에서는 어떻게 정의했을까요? 연구 결과, 나라마다 행복 개념이 달랐고, 그 개념이 국민의 행복 지수에 영향을 미쳤습니다. 이를 증명한 실험을 살펴볼게요.

미국 버지니아대학교 심리학자 오이시 시게히로는 동료들과 함께 행복 개념이 실제 행복감에 어떤 영향을 끼치는지 연구를 진행합니다. 그리고 2013년 심리학 학술 잡지 《성격 및 사회심리 회보 Personality and Social Psychology Bulletin》에 연구 결과를 발표하죠.

먼저 이들은 다양한 지역(대륙)이 고루 포함되게 30개의 나라를 선정한 후, 각 나라의 행복 개념을 알아냅니다. 행복 정의는 크게 두 부류로 나뉘었습니다.

첫 번째는 행복을 추구하거나 통제하기 어려운 '운'으로 정의했습니다. 한국과 일본이 대표적이었죠. 일본 사전도 행복의 첫 번째 정의를 운 혹은 우연으로 적어 놓았습니다. 즉 '행복은 개인이 통제할 수 없는 우연의 산물'이라는 것이지요.

두 번째는 첫 번째와 정반대로 행복을 추구하거나 통제할 수 있는 감정 상태로 정의했습니다. 스페인, 이탈리아가 대표적이죠. 스페인에서는 행복을 '무엇을 소유할 때 얻는 만족감과 관련된 감정 상태'로, 이탈리아에서는 '욕구를 충족하는 모든 형태의 경험'으로 표현했습니다. 이런 정의 밑바탕에는 '행복은 개인이 노력하면 얻거나 만들어 낼 수 있는 것'이라는 생각이 깔려 있죠. 노력하면 뭔가를 소유할 수 있고, 욕구를 충족할 수 있으며, 이를 통해 행복해질 수 있다는 믿음이 있는 겁니다.

이런 나라 사람들은 행복을 운이라고 여긴 사람들보다 더 행복했을까요? 연구 결과는 '그렇다'입니다. 이렇게 보면 행복 정의를 바꾸는 것이 행복해지는 첫걸음이 되겠네요.

기분이 좋은 만큼
가라앉는 이유는 무엇일까

우리 몸에는 항상성 시스템이 있습니다. 항상성 시스템이란 생명체가 외부 환경이 변해도 내부 환경을 일정한 상태로 유지하려는 자가 조절 과정을 의미합니다. 체온을 유지하려는 것이 대표적인 예죠. 이 시스템이 별 탈 없이 작동해 우리가 잘 지내고 있는 겁니다.

항상성 시스템을 총지휘하는 곳이 뇌인데요, 이 시스템이 잘 유지되면 기분은 어떤 상태일까요? 바로 평정심 상태입니다. 평정심이란 너무 들뜨지도, 너무 가라앉지도 않은 잔잔한 상태를 이릅니다. 평정심 상태에서는 공부도 잘되고, 운동선수들의 경우 최고의 실력을 발휘할 수 있죠.

균형을 잡으려는 뇌의 노력

그런데 현대 사회에서는 평정심을 유지하기가 어렵습니다. 지나치게 흥분된 상태로 있게 하죠. 대표적인 주범이 유튜브 쇼츠, 인스타그램 릴스, 틱톡 같은 숏폼이라고 하네요. 숏폼은 보통 몇 초에서 몇 분 이내의 짧은 동영상 콘텐츠를 가리키는데요, 바쁜 사람들에게 짧은 시간에 핵심 정보를 주어 인기가 많습니다. 재미도 있고요. 하지만 이런 장점만 있지 않다는 게 문제입니다. 숏폼에는 잘못된 정보도 많고, 보다 보면 중독된다는 단점도 있습니다. 중독 현상에 대해선 설명이 필요 없겠죠? 우리 모두 잠시만 핸드폰을 보지 않으면 불안하잖아요. 숏폼은 빨리 넘어가 주의력과 문해력도 떨어뜨립니다.

그런데도 계속 보면 뇌는 어떤 상태일까요? 흥분 상태입니다. 뇌는 어떤 상태를 가장 좋아한다고 했죠? 평정심이죠. 그런데 지나치게 흥분돼 있다면 뇌로선 어떻게 해야 할까요? 균형을 잡기 위해 '급속 냉동'을 할 수밖에 없습니다. 기분을 확 아래로 끌어내리는 거죠. 그러면 어떻게 될까요? 극도로 우울해집니다. 짜릿함이 클수록 뒤따라오는 우울과 허무감도 커지죠. 이런 상태는 뇌가 정서의 균형을 잡는 과정에서 생긴 현상인 겁니다.

극도로 우울해지는 상황에서 벗어나려면 어떻게 해야 할까요? 스탠퍼드대학교 정신의학자 애나 렘키는 자신의 책 《도파민 네이션》에서 기분을 좋게 하는 도파민이 지나치게 분비되지 않게 자기 삶을 조절하라고 조언합니다. 그러자면 핸드폰을 가능한 한 쓰지 않는 게 좋겠다고 하죠. 불편하고 스트레스를 많이 받게 하는 자기 계발을 많이 하라고도 조언합니다. 독서, 글쓰기, 그림 그리기, 운동 등을 예로 들면서요. 책을 읽으라고, 일기를 쓰라고? 생각만 해도 스트레스가 몰려오죠? 하지만 뇌는 책을 읽고, 일기를 쓰는 동안 스트레스를 받은 만큼 만족감과 행복감을 느낍니다. 그러면서 평정심을 찾습니다. ☺

현대의 행복 개념은
무엇일까

대한민국 헌법 제10조는 이렇습니다.

> 모든 국민은 인간으로서의 존엄과 가치를 가지며, 행복을 추구할 권리를 가
> 진다. 국가는 개인이 가지는 불가침의 기본적 인권을 확인하고 이를 보장할
> 의무를 진다.

한국법제연구원은 법령의 용어를 해설해 주는 곳인데요, 제10조
의 '행복 추구권'을 다음처럼 풀이해 놓았습니다.

> 행복 추구권이란 소극적으로는 고통과 불쾌감이 없는 상태를 추구할 권리
> 이며, 적극적으로는 만족감을 느끼는 상태를 추구할 수 있는 권리로서 자유

요즘은 대부분의 나라 헌법에 행복 추구권이 들어가 있습니다. 이렇게 행복 추구권이 법으로 보장되어 있는데도 행복한 사람은 드뭅니다. 왜일까요? 저는 가장 큰 이유가 사회적으로 행복 개념이 바뀌지 않았기 때문이라고 생각해요. 한국의 경우 아직도 행복을 '운'이라고 생각한다는 거죠.

이제, 행복 개념을 바꾸어야 합니다. 행복은 운이 아니라 노력하면 얻을 수 있는 것이라고요. 요즘은 노력이란 말을 부담스러워하죠? 노력, 노력 하지 말라고 신경질적인 반응을 보이는 분들도 더러 있습니다. 그런 분들께는 죄송하지만, 저는 이 책을 마칠 때까지 이 말을 자주 쓰게 될 것 같습니다.

"노력하면 행복해질 수 있다."

행복해지기 위해 매일 노력하는 사람에게는 다양한 긍정적인 변화가 나타납니다. 노력의 대가랄까요. 이런 대가를 경험하면, 한마디로 노력할 맛이 나죠.

노력하면
달라지는 것들

그럼 어떤 대가들을 경험하게 될까요? 긍정심리학의 대가 바버라 프레드릭슨의 연구 결과에 따르면, 행복을 적극적으로 만들어 가는 사람들에게 나타나는 첫 번째 변화는 마음의 눈이 넓어진다는 것입니다. 그러면 문제의 핵심이나 본질을 꿰뚫어 보는 통찰력이 생깁니다. 자신은 불행하다는 생각에 갇혀 시야가 좁아졌을 때는 보이지 않던 것들이 보이고 들리기 때문이지요. 핵심을 간파하는 눈이 생기니 불필요한 일에 시간을 낭비하지도 않습니다. 공부나 일 등에 집중합니다.

시야가 넓어지면 시각도 유연해집니다. 하나의 문제를 해결하는 데 다양한 방법이 있다는 걸 알게 됩니다. 불행할 때는 이런 여유를 가질 수 없습니다. 우리는 누구나 어느 정도 고정관념을 가지고 살아갑니다만, 불행할수록 고정관념의 늪에 더 깊이 빠집니다. 행복한 사람은 고정관념에 사로잡혔더라도 금방 빠져나와서 새롭고 더 나은 관점으로 나아갈 수 있죠. 당연한 이야기지만, 이렇게 시야가 넓어져 시각이 유연해지면 창의력도 더 발달합니다. 지금 시대에 꼭 필요한 것 중 하나가 창의력이죠.

두 번째 변화는 살아가는 데 필요한 사회, 경제, 정신, 신체적 자원이 풍부해진다는 것입니다. 사회적 자원이 풍부해진다는 것은, 다른 사람들이 여러분을 좋게 평가한다는 것입니다. 평판이 좋아지면 주변에 좋은 사람들이 더 많아지고, 그들로 인해 더 행복해질 다양한 기회도 얻게 되죠.

또 경제적 자원이 풍부해진다는 것은, 돈을 잘 벌게 된다는 뜻입니다. 돈을 벌려면 불편을 감수하고 스트레스 상황도 견뎌야 하며, 새로운 것도 끊임없이 배워야 합니다. 자신을 유혹하는 것들을 끊어 내야 하고요. 행복해지려고 노력하는 사람들은 이런 일들을 자연스럽게 해내 돈을 잘 벌게 된다는 것입니다.

행복해지려고 노력하는 사람들은 정신적인 자원도 풍부해집니다. 앞에서 시야가 넓어지고 통찰력이 깊어진다고 했습니다. 그러면 같은 시간에 더 많은 일을 할 수 있게 됩니다. 2시간 걸렸던 일을 1시간 만에 해내고, 4시간 걸렸던 일을 2시간 만에 할 수 있게 되죠. 그 결과 정신적으로 여유가 생기고, 여가도 충분히 누리게 됩니다. 이런 이유로 정신적인 자원이 풍부해진다고 한 것입니다.

행복해지려고 노력하는 사람은 정신적인 면역력도 높아집니다. 웬만한 문제는 문제도 아닌 것처럼 넘어갈 수 있게 되죠. 불안도 적게 느끼고, 언제나 자신감 있게 다양한 일을 처리할 수 있게 됩니다. 매일 일정 시간 불편을 감수하고, 스트레스를 받으며 실천한 자기 계발 활동들이 정신적인 면역력을 높여 준 것입니다. 이를테면 유혹에 굴하지 않고 매일 운동하고, 공부한 것이 미리 맞아 놓은 '예방 주사' 역할을 하는 셈이지요. 이처럼 매일 작은 고통을 자처해 경험해 두면, 고통스러운 일이 생겼을 때 오래지 않아 회복할 수 있고, 때로는 고통인 줄도 모른 채 지나갈 수 있다는 것입니다.

행복해지려고 노력하는 사람은 신체적인 자원도 풍부해집니다. 몸도 건강해진다는 뜻입니다. 정신적인 행복은 육체의 건강과 연결되어 있죠. 정신적으로 건강하지 못하면, 몸의 면역력도 약해집니다. 감기도 잘 걸리고, 다쳤을 때 잘 낫지도 않지요. 또 행복해지려는 노력에 매일 운동하는 것도 들어가니, 몸이 건강해질 수밖에 없습니다.

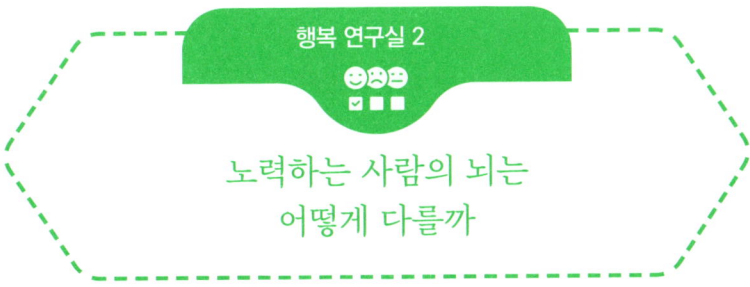

노력하는 사람의 뇌는
어떻게 다를까

미국 뇌과학자 바버라 브래츨리는 자신의 책 《기회의 심리학》에서 기회를 잘 포착하는 사람 혹은 행운이 따르는 사람의 가장 큰 특징을 다음처럼 말합니다.

"자신의 삶을 철저히 통제하면서 노력한다."

오늘보다 더 나은 내일을 만들기 위해 운동하고, 공부하고, 일하는 성실하고 계획적인 사람이 그렇지 않은 사람들보다 행운과 기회를 많이 얻는다는 것이죠. 한 걸음씩 전진하는 끈기를 가진 사람이 그렇지 않은 사람들보다 기회를 잡고 활용하는 능력이 뛰어나다는 것입니다.

반면 노력하지 않는 사람들은 어쩌다 기회를 얻어도 그것이 기회인 줄 모르고 지나치거나 설령 기회를 알아차려도 실력이 부족해 그 기회를 잡지 못한다는 것입니다. 예를 들어 누가 일자리를 소개해 주었을 경우 꾸준히 노력해 온 사람들은 취업에 성공하지만 그렇지 않은 사람들은 실패한다는 것이죠.

노력한 사람의 전전두엽과 노력하지 않은 사람의 전전두엽

브래츨리는 노력한 사람과 그렇지 않은 사람은 뇌에서도 차이가 난다고 밝힙니다. 전전두엽의 발달 정도가 다르다는 것이죠. 전전두엽은 절제력, 계획 세우기, 끈기, 추진력, 감정 통제, 도덕적 판단, 주의력, 집중력 등을 담당하는 영역인데요. 노력하는 사람들은 그렇지 않은 사람들에 비해 전전두엽의 뇌세포가 활성화되었을 뿐 아니라 각 세포의 활동력도 더 강했으며, 뇌세포 간의 연결도 더 원활했다고 합니다. 뇌세포가 더 활성화되었다면 절제력이 높고, 계획을 잘 세우며, 강한 집중력으로 일을 탁월하게 추진해 간다는 뜻이죠. 각 세포의 활동력이 더 강하다는 것은 다른 사람보다 일을 더 효율적으로 처리한다는 뜻이고요. 정보 처리 능력이 뛰어나다고나 할까요. 뇌세포 간의 연결이 더 원활하다는 것은 다른 사람들보다 정보 처리 속도가 빠르다는 뜻입니다. 같은 시간에 더 효율적으로 일을 처리할 수 있다는 것이죠.

여기서 오해하지 말아야 할 것이 있습니다. 노력하는 사람들의 전전두엽이 원래부터 그랬던 건 아니라는 사실입니다. 노력한 결과 그렇게 발달한 것입니다. 그러므로 다시 강조합니다. 행운과 기회는 준비한 자의 것입니다. ☺

2

행복에 관한 여러 실험

주관적 행복을
측정할 수 있을까

행복은 주관적인 경험입니다. 누구에게 행복한 상황이 다른 사람에게는 아무렇지 않거나 불행한 상황일 수 있죠. 행복은 이처럼 주관적인 것인데, 어떻게 행복 지수를 측정할 수 있을까요?

두 가지 측정 방법이 있습니다. 하나는 '주관적 행복 측정법'이고, 다른 하나는 '주관적 안녕감 측정법'입니다. 하나씩 소개할게요.

주관적 행복 측정법

주관적 행복 측정법을 개발한 사람은 긍정심리학자 소냐 류보머스키입니다. 주관적 행복 측정법은 '주관적 행복 척도'라고도 합니다. 4가지 질문으로 측정합니다. 여러분도 한번 해 보세요.

주관적 행복 측정법

다음 문항을 읽고, 1점에서 7점 사이로 평가하세요.

① 나는 행복한 사람에 속한다.

☐   ☐   ☐   ☐   ☐   ☐   ☐
1   2   3   4   5   6   7

전혀 그렇지 않다 ⟶ 매우 그렇다

② 주변 사람들과 비교했을 때, 나는 행복한 편이다.

☐   ☐   ☐   ☐   ☐   ☐   ☐
1   2   3   4   5   6   7

전혀 그렇지 않다 ⟶ 매우 그렇다

③ 어떤 일이 있더라도 인생을 즐기면서 대체로 행복한 사람들이 있는데, 나도 그런 사람에 속한다.

☐   ☐   ☐   ☐   ☐   ☐   ☐
1   2   3   4   5   6   7

전혀 그렇지 않다 ⟶ 매우 그렇다

④ 인생에 특별한 어려움이 없을 때도 대체로 행복하지 않은 사람들이 있는데, 나도 그런 사람에 속한다.

☐   ☐   ☐   ☐   ☐   ☐   ☐
1   2   3   4   5   6   7

전혀 그렇지 않다 ⟶ 매우 그렇다

여러분은 몇 점이 나왔나요? 28점이 만점인데, 22~28점이면 '매우 행복한 사람', 15~21점이면 '행복한 사람', 8~14점이면 '보통', 1~7점이면 '행복하지 않은 사람'으로 해석합니다.

주관적 안녕감
측정법

다음은 주관적 안녕감 측정법입니다. 주관적 행복 측정법과 달리 이 방법은 한 사람이 개발한 것이 아닙니다. OECD 국가들의 삶의 질을 평가하는 지표인 '더 나은 삶 지수'를 관리하는 센터의 연구원들과 매년 세계행복보고서를 발간하는 UN유엔의 '지속 가능한 발전 그룹'의 연구원들이 함께 개발한 것입니다. 일단 이들은 '주관적 안녕감'의 개념을 이렇게 잡았어요.

> 일상에서 긍정 정서를 경험했다고 주관적으로 인식하는 빈도가 부정 정서를 경험했다고 주관적으로 인식하는 빈도보다 높은 상태

주관적 안녕감은 긍정 정서 점수에서 부정 정서 점수를 뺀 점수를 말해요. 계산해서 플러스(+)가 나오면 주관적 안녕감이 높은 것이고, 마이너스(−)가 나오면 낮은 것으로 봅니다. 간단히 말하면 일상생활을 하면서 부정 정서보다 긍정 정서를 많이 느낀다고 생각하

면 주관적 안녕감이 높은 것이고, 그 반대라면 주관적 안녕감이 낮은 것이죠. 이번에도 한번 해 보세요.

주관적 안녕감 측정법

다음 문항을 읽고 '네' 혹은 '아니오'로 응답하세요.
'네'는 1점, '아니오'는 0점입니다.

긍정 정서	네(1점)	아니오(0점)
① 나는 어제 웃거나 미소 지을 일이 많았다.	☐	☐
② 나는 어제 시간이 잘 가는 일을 했다.	☐	☐
③ 나는 어제 가치 있는 일을 했다.	☐	☐
④ 나는 어제 설레는 경험을 했다.	☐	☐

부정 정서	네 (1점)	아니오 (0점)
① 나는 어제 걱정과 근심이 많았다.	☐	☐
② 나는 어제 예민했다.	☐	☐
③ 나는 어제 시간적 혹은 업무적으로 압박(스트레스)을 받았다.	☐	☐
④ 나는 어제 화가 났다.	☐	☐

● 계산법: 긍정 정서 합산 점수 - 부정 정서 합산 점수

점수대는 −4점(긍정 정서가 0점이고, 부정 정서가 4점일 경우)에서 +4점(부정 정서가 0점이고, 긍정 정서가 4점일 경우)까지 나옵니다(0점도 있음. 긍정 정서 점수와 부정 정서 점수가 같은 경우). −1~+1점은 주관적 안녕감이 '보통', −4~−2점은 '낮음'으로 해석합니다. +2~+4점은 주관적 안녕감이 '높음'으로 보고요.

혹시 두 테스트 결과 낮은 점수가 나왔나요? 걱정하지 마세요. 조금씩 점수를 높여 가면 될 일입니다. 앞서 말했듯이 노력하면 누구든 행복해질 수 있으니까요.

일상의 감정은
어떻게 측정할 수 있을까

사람들은 일상에서 다양한 정서를 경험합니다. 정서란 무엇일까요? 심리학에서는 다음처럼 정의합니다.

> 인간의 주관적인 경험으로, 긍정적이거나 부정적일 수 있는 감정, 기분, 그리고 행동을 포괄하는 복잡한 정신·생리적 상태를 말한다. 정서는 외부 자극이나 내적 요인에 의해 발생하며 기쁨, 슬픔, 분노, 두려움 등 다양하게 나타난다.

이런 정서가 행복에 얼마나 영향을 끼치는지 측정할 수 있을까요? 앞서 소개한 '주관적 안녕감 측정법'을 여기서도 활용할 수 있습니다. 주관적 안녕감 측정법에 정서 측정법도 포함돼 있습니다.

이 측정법은 10개 질문으로 구성되어 있습니다. 긍정 정서를 측정하는 질문이 4개고, 부정 정서를 측정하는 질문이 6개입니다.

긍정 정서는 4가지 표현으로 측정합니다. '즐거운 혹은 재미있는', '평온한', '행복한', '미소 짓거나 웃는'입니다. 사람들이 보통 긍정적인 상태일 때 가장 많이 쓰는 표현이지요. 부정 정서 표현은 6가지입니다. '걱정하는(근심하는)', '우울한', '힘든', '화난', '스트레스받는', '피곤한'입니다.

이 설문지에서 정서 평가의 기준은 '어제'예요. 각 질문에 대한 응답은 0점부터 10점 사이로 하게 되어 있어요. 0점은 해당 정서를 전혀 경험하지 않은 상태를 뜻하고, 10점은 해당 정서를 종일 경험한 것을 의미합니다. 자, 여러분도 테스트해 보세요.

주관적 안녕감 측정법(정서 측정법)

아래 질문을 읽고, 어제 어떤 정서를 얼마나 경험했는지 0점에서 10점 사이로 답하세요.
0점은 전혀 경험하지 않은 상태를 뜻하고, 10점은 하루 종일 경험한 것을 의미합니다.

① 어제 얼마나 즐거웠나요(재미있었나요)?

□ □ □ □ □ □ □ □ □ □ □
0 1 2 3 4 5 6 7 8 9 10

② 어제 얼마나 평온했나요?

□ □ □ □ □ □ □ □ □ □ □
0 1 2 3 4 5 6 7 8 9 10

③ 어제 얼마나 걱정(근심)했나요?

□ □ □ □ □ □ □ □ □ □ □
0 1 2 3 4 5 6 7 8 9 10

④ 어제 얼마나 우울했나요?

□ □ □ □ □ □ □ □ □ □ □
0 1 2 3 4 5 6 7 8 9 10

⑤ 어제 얼마나 행복했나요?

□ □ □ □ □ □ □ □ □ □ □
0 1 2 3 4 5 6 7 8 9 10

⑥ 어제 얼마나 힘들었나요?

□ □ □ □ □ □ □ □ □ □ □
0 1 2 3 4 5 6 7 8 9 10

⑦ 어제 얼마나 화가 났나요?

☐   ☐   ☐   ☐   ☐   ☐   ☐   ☐   ☐   ☐   ☐
0   1   2   3   4   5   6   7   8   9   10

⑧ 어제 얼마나 스트레스를 받았나요?

☐   ☐   ☐   ☐   ☐   ☐   ☐   ☐   ☐   ☐   ☐
0   1   2   3   4   5   6   7   8   9   10

⑨ 어제 얼마나 피곤했나요?

☐   ☐   ☐   ☐   ☐   ☐   ☐   ☐   ☐   ☐   ☐
0   1   2   3   4   5   6   7   8   9   10

⑩ 어제 얼마나 미소 짓거나 웃었나요?

☐   ☐   ☐   ☐   ☐   ☐   ☐   ☐   ☐   ☐   ☐
0   1   2   3   4   5   6   7   8   9   10

- 긍정 정서 계산법 : 1, 2, 5, 10번의 응답 점수를 합산한 후 평균을 내 보세요.

- 부정 정서 계산법 : 3, 4, 6, 7, 8, 9번의 응답 점수를 합산한 후 평균을 내 보세요.

표 안의 설명대로 계산을 마쳤다면, 긍정 정서 점수에서 부정 정서 점수를 빼 보세요. 플러스(+) 점수가 나오면, 어제 행복한 일이 더 많았다고, 행복한 시간이 더 많았다고 해석하면 됩니다. 마이너스(-) 점수가 나왔다면, 어제 불행한 일이 더 많았다고 해석하면 되겠죠. 0점에 가깝다면 행복하지도 불행하지도 않은 시간을 보냈다고 생각하면 되고요.

이 설문지에서 눈여겨봐야 할 것이 '평온'이라는 정서를 긍정 정서로 분류했다는 사실입니다. 사람들은 보통 아무 일도 일어나지 않은 평온한 상태를 당연시하는데, 과연 그럴까요? 실은 평정심이 깨지지 않고 별일 없는 날이 가장 행복한 상태입니다. 운동선수들이 최고의 실력을 발휘할 수 있게 돕는 정서가 바로 평정심을 유지한 상태, 곧 평온한 상태인 것만 봐도 알 수 있는 일이죠.

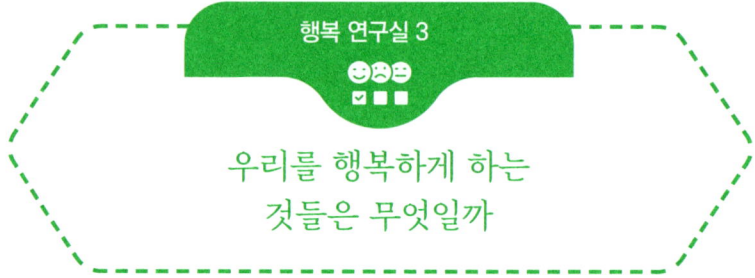

우리를 행복하게 하는 것들은 무엇일까

우리는 어떤 것을 할 때 행복할까요?

먼저 '집중할 수 있는 것'입니다. 시간 가는 줄 모르고 책을 읽었거나 영화를 보았거나 농구를 한 적이 있나요? 그럼 행복을 경험한 겁니다. 몰입할 때 행복하죠. 자주 몰입할수록 행복해지고요.

두 번째는 '적극적으로 할 수 있는 것'입니다. 누가 시켜서 하는 경우 즐겁고 행복한 것은 드물죠. '적극적'이라는 말은 스스로 결정해서 한다는 뜻입니다. 자신이 알아서 공부하고, 운동하고, 무언가를 만들고, 산에도 가고, 바다에도 가는 것을 말하죠. 적극적으로 무언가를 하면 절로 행복해집니다.

세 번째는 '정신을 맑게 하는 것'입니다. 푹 자고 일어나면 정신이 맑죠. 운동을 하고 나서 샤워를 하면, 개운하고 기분도 좋습니다. 이처럼 정신이 맑은 상태를 유지할 수 있게 건강을 관리해야 합니다. 약물 등에 손을 댄다거나 하는 일은 없어야겠죠.

네 번째는 '설레게 하는 것'입니다. 사랑하는 사람이 생기면, 그 사람에게 뭔가를 해 주고 싶어서 더 성실하게 일하고, 그 사람에게 매력적인 모습을 보이고 싶어서 자기 관리도 더 잘하게 되잖아요. 이처럼 설레게 하는 것은 우리를 더 성실하게 하고 또한 그런 자세는 행복감으로 이어집니다.

다섯 번째는 '열정적인 것'입니다. 여기서 '열정'은 어떤 것을 매일 해 나가는 것, 어떤 일을 멈추지 않고 매일 추진해 가는 상태를 말합니다. 예를 들어 매일 글쓰기를 하거나 운동을 하거나 코딩을 하는 것 등이죠. 이런 상태에서 우리는 행복을 느낀다는 겁니다. 열정은 특히 마지막이 좋을 때 생기는데요. 운동을 하고 난 뒤에 느끼는 성취감이 운동에 대한 열정을 만든다는 겁니다.

여섯 번째는 '결단력을 경험하게 하는 일'입니다. 결단력은 계획이 실행으로 연결되었을 때 느낄 수 있는 정서입니다. 계획만으로는 결단력을 경험할 수 없습니다. 계획을 세우고 반드시 실행에 옮겨야 결단력을 경험할 수 있습니다. 공부하기로 마음먹었다면 공부를 해야 결단력을 느끼고, 그 느낌이 행복으로 이어지는 겁니다. 계획과 실행 사이의 간격이 좁을수록 결단력을 더 깊이 경험할 수 있고, 행복감도 커진다는 사실 또한 기억해 두세요. 망설이고 우물쭈물하지 말고 과감하게 실천하는 것이 좀 더 행복해지는 길입니다.

일곱 번째는 '영감을 주는 일'입니다. 영감은 새로운 것을 보거나 배우거나 깨달을 때의 느낌을 말합니다. 예를 들어 해외여행에서 낯선 풍경을 마주했거나 새로운 문화를 접했을 때 영감을 받습니다. 연주회나 미술관에 가서 새로운 것을 듣거나 볼 때도 그렇고요.

꼭 돈을 들여야 영감을 얻을 수 있는 건 아닙니다. 일상의 속도를 늦추고, 본 것을 또 보는 것에서도 얼마든지 영감을 얻을 수 있습니다. 천천히 산책하면서 주변을 살펴보세요. 읽은 책을 다시 읽거나 봤던 영화를 다시 보는 것도 좋은 방법입니다. 이전에는 눈에 들어오지 않던 문장, 장면이 새롭게 눈에 들어올지 모릅니다.

여덟 번째는 '자부심을 느낄 수 있는 일'입니다. 스스로 목표를 세우고 그 목표를 이루었을 때 우리는 자부심을 느낍니다. 특히 함께 살아가는 공동체 구성원들을 위해 어떤 일을 해내면 큰 자부심을 느낄 수 있습니다. 나를 발전시킬 때도 자부심을 느끼고, 공동체를 발전시킬 때도 자부심을 느낍니다. 가장 좋은 것은 나를 발전시키는 일이 곧 공동체를 위한 일일 때입니다. 나를 위해 만든 음악인데, 공동체 구성원들도 좋아하면 자부심이 배로 커지겠죠.

아홉 번째는 '관심이 가는 일'입니다. 주변에 눈길을 끄는 새로운 것이 있나요? 책이든 취미든 상관없습니다. 관심이 가는 책을 읽고, 관심이 가는 취미를 가져 보는 겁니다. 그럼 행복해집니다. 어떤 것에 관심을 기울이는 사람은 에너지가 충만한, 건강한 사람입니다. 아프면 새로운 것이 되레 부담스럽죠. 건강하니까 새로운 것에 관심이 가는 것이고, 새로운 것에 관심을 갖다 보니 더 건강해집니다. 일주일에 하나쯤 새로운 것을 발견하면 좋겠습니다.

마지막 열 번째는 '강인하게 만드는 일'입니다. 자신의 한계를 넘어 어떤 일을 해낼 때 새삼 강인함을 느끼죠. 어려운 상황에서 평정심을 유지하는 자신을 보면서, 공부하는 시간을 매일 늘려 가는 자신을 보면서도 강인함을 느낄 수 있습니다. 운동하는 시간을 조금씩 늘리거나, 예전에는 해결하지 못했던 문제를 해결할 수 있는 능력이 생길 때도 강인함을 느낄 수 있습니다. 자신이 성장하고 성숙해지는 과정을 통해 매일 강인함을 경험하면 좋겠습니다.

이처럼 행복을 느끼게 하는 것이 많습니다. 행복은 아주 특별한 경험이 아니죠. 집중할 때, 자부심을 느낄 때도 행복하니까요. 행복을 꼭 '행복'으로만 표현하지 않아도 되는 이유입니다. ☺

내 삶에 얼마나
만족하고 있을까

야구 투수의 능력은 어떻게 평가할까요? 던질 수 있는 공의 종류, 제구력(투수가 자기 뜻대로 공을 던질 수 있는 능력), 공의 빠르기, 공의 회전수, 디셉션(투수가 타자를 속이기 위해 사용하는 다양한 동작을 통틀어 일컫는 말), 견제 능력 등을 하나씩 살핀 후 종합해 판단을 내릴 겁니다. 우리 삶도 마찬가지입니다. 건강, 일, 취미, 인간관계, 소비 패턴, 수입과 지출 등을 하나하나 살핀 후 어떤 삶인지 종합적으로 평가할 수 있겠죠.

여기서는 이 종합적인 평가를 좀 더 과학적이고, 체계적으로 측정하는 방법을 소개할게요. OECD가 개발해 회원국들에게 권고하는 〈주관적 웰빙 측정 가이드라인〉입니다. OECD는 각국이 이 자료를 바탕으로 국민이 더 행복하게 살 수 있도록 삶의 질을 개선하는 정책을 마련하고 실행하기를 바랍니다. 〈주관적 웰빙 측정 가이드라인〉은 9가지 질문으로 이루어져 있습니다.

주관적 웰빙 측정 가이드라인

| 파트 1 |

11층으로 이루어진 사다리를 떠올려 보세요. 맨 아래는 0점, 맨 위는 10점이라고 쓰여 있습니다. 여러분은 어느 층에 있나요? 그 층이 여러분의 삶을 의미합니다. 맨 위인 10점에 있다면 최상의 삶을 살고 있는 것이고, 반대로 0점에 있다면 최악의 삶을 살고 있는 것입니다. 한 질문에 20초 이상 생각하지 마시고, 4가지 질문에 대해 1분 안에 답해 주세요.

① 당신 삶의 모든 것을 고려할 때, 당신은 사다리의 몇 층에 있다고 생각하십니까? 0점에서 10점 사이로 응답하세요.

☐ ☐ ☐ ☐ ☐ ☐ ☐ ☐ ☐ ☐ ☐
0   1   2   3   4   5   6   7   8   9   10

② 당신 삶의 모든 것을 고려할 때, 당신은 얼마나 행복하다고 말할 수 있나요?

☐ ☐ ☐ ☐ ☐ ☐ ☐ ☐ ☐ ☐ ☐
0   1   2   3   4   5   6   7   8   9   10

③ 지난 5년을 돌아볼 때 당신은 당신의 삶에 얼마나 만족하나요?

☐ ☐ ☐ ☐ ☐ ☐ ☐ ☐ ☐ ☐ ☐
0   1   2   3   4   5   6   7   8   9   10

④ 앞으로 5년 동안 당신은 당신의 삶에 어느 정도로 만족하리라고 생각하나요?

☐ ☐ ☐ ☐ ☐ ☐ ☐ ☐ ☐ ☐ ☐
0   1   2   3   4   5   6   7   8   9   10

아래의 5가지 진술문을 읽고, 얼마나 동의하는지 1점에서 7점 사이로 응답하세요. 최대한 정직하고, 진솔하게 응답해 주시기 바랍니다. 한 진술문에 10초 이상 생각하지 마시고, 5가지 진술문에 대해 1분 안에 답해 주시기 바랍니다.

1점: 전혀 동의하지 않음   5점: 다소 동의함
2점: 동의하지 않음   6점: 동의함
3점: 다소 동의하지 않음   7점: 매우 동의함
4점: 잘 모르겠음

⑤ 나의 삶은 내가 이상적으로 생각했던 것에 가깝다.

☐ 1   ☐ 2   ☐ 3   ☐ 4   ☐ 5   ☐ 6   ☐ 7

⑥ 내 삶의 조건들은 상당히 괜찮은 편이다.

☐ 1   ☐ 2   ☐ 3   ☐ 4   ☐ 5   ☐ 6   ☐ 7

⑦ 나는 내 삶에 만족한다.

☐ 1   ☐ 2   ☐ 3   ☐ 4   ☐ 5   ☐ 6   ☐ 7

⑧ 나는 내 인생에 필요한 것들을 갖고 있다.

☐ 1   ☐ 2   ☐ 3   ☐ 4   ☐ 5   ☐ 6   ☐ 7

⑨ 다시 태어난다고 해도, 나는 현재의 삶에서 바꾸고 싶은 것이 거의 없다.

☐ 1   ☐ 2   ☐ 3   ☐ 4   ☐ 5   ☐ 6   ☐ 7

먼저 〈파트 1〉인 1번부터 4번까지를 자세히 살펴볼게요. 1번부터 4번까지는 모두 0점에서 10점 사이로 응답하는 형식이고, 10점 만점입니다.

1번 질문은 자신이 지금 얼마나 힘들게 살고 있는지를 표시하는 것입니다. 0~4점은 최악의 삶, 고통스러운 삶을 살고 있다는 뜻이고, 4~6점은 더러 힘든 일이 있지만 그럭저럭 견딜 만한 삶을 살고 있다는 의미입니다. 7점 이상은 최상의 삶, 행복한 삶을 살고 있다는 뜻이고요.

2번 질문은 1번과 표현만 조금 다를 뿐 비슷합니다. 질문 하나만 던졌을 때 생길 수 있는 응답의 오류를 줄이기 위해 배치한 질문입니다.

3번 질문은 자신의 과거에 대한 종합적인 평가이고, 4번은 미래에 대한 종합적인 기대를 묻는 질문입니다. 두 질문은 영국통계청에서 영국인들의 삶을 평가하는 데 쓰이는 질문입니다. 이 질문들은 '심리학적 현재주의'라는 관점에 근거한 것인데요, 심리학적 현재주의란, 사람들은 현재 자기 삶에 대한 평가를 바탕으로 과거도, 미래도 평가한다는 것입니다. 과거에 대한 평가 기준도 현재고, 미래에 대한 평가 기준도 현재라는 것이죠. 현재가 좋으면 과거도 좋았던 것으로 평가하지만, 현재가 나쁘면 과거도 나빴던 것으로 평가하게 되는 겁니다. 현재가 좋으면 미래도 밝을 것으로 기대하지만, 현재가 나쁘면 미래도 어두우리라 내다보는 것이고요. 따라서 3, 4번에 대한 응답은 1, 2번에 대한 응답과 매우 비슷하게 나와야 말이 됩니다. 만약 1, 2번과 아주 다르게 3, 4번에 응답했다면, 이 응답은 신뢰하기가 어렵죠.

〈파트 2〉는 7점이 만점입니다. 〈파트 2〉의 질문 5가지는 긍정심리학 개척자 에드 디너와 윌리엄 파봇이 1985년에 개발한 '삶의 만족도 척도'인데요. 개발 당시에는 지금처럼 널리 쓰이리라 예상하지 못했다고 해요. 21세기 들어 행복 측정에 대한 관심이 급증하면서 널리 쓰이게 되었죠. 이보다 더 나은 도구가 없다고 평가할 만큼 크게 신뢰받는 측정 도구입니다.

9가지 질문에 모두 답했나요? 〈파트 1〉의 4가지 질문에 대한 응답의 평균을 내 보세요. 평균이 4점 이하라면 자신의 삶을 부정적으로 평가한 것이고, 5점에서 6점 사이라면 보통으로 본 것이고, 7점 이상이면 긍정적으로 평가한 것입니다.

〈파트 2〉의 5가지 질문에 대한 응답의 평균도 계산해 보세요. 3점 미만이면 삶의 만족도가 낮은 것이고, 3점 이상에서 5점 미만이면 보통인 것이고, 5점 이상이면 삶의 만족도가 높은 것입니다.

1년에 한 번쯤 이 설문지를 활용해 보세요. 자신의 삶을 점검할 수 있을 겁니다. 좀 더 행복해졌다는 결과 값이 나오면 좋겠네요.

얼마나 의미 있게 사는지
측정할 수 있을까

인간은 의미를 추구하는 동물입니다. 내 존재의 의미, 일의 의미, 인간관계의 의미 등 의미를 끊임없이 묻죠. 우리가 의미 있는 삶을 살고 있는지 측정할 방법은 없을까요?

행복 과학자들은 의미 있는 삶을 '충만한 삶'이라고 표현합니다. 행복 과학자란 심리학, 신경과학, 사회학 등 다양한 학문 분야에서 행복의 원인과 영향을 연구하는 사람들을 말하는데요, 개인과 사회가 더 행복해지려면 어떻게 하면 좋을지 그 실천 방법을 찾습니다.

의미 있는 삶을 측정하는 도구인 플러리싱 척도 flourishing scale 를 개발한 에드 디너도 행복 과학자이죠. 플러리싱 척도는 우리말로 옮기면 '충만한 삶 척도' 정도가 되겠네요. 그럼, 자신이 얼마나 의미 있는 삶을 살고 있는지 체크해 볼까요?

충만한 삶 척도는 9가지 질문으로 구성되어 있습니다. 각 질문에 얼마나 동의하는지 0점에서 10점 사이로 응답하면 됩니다. 9가지 질문에 모두 응답하는 데 4분을 넘기지 않는 게 좋습니다. 너무 깊이 생각하지 말고, 바로바로 응답하라는 것이죠. 사람 마음이 그렇습니다. 깊이 생각할수록 자꾸 왜곡하거든요. 이런 테스트를 할 때는 바로 느낀 것을 솔직하게 표현하는 것이 중요합니다. 이제, 진짜 해 볼까요?

충만한 삶 척도

| 파트 1 |

당신 자신과 당신의 삶에 대해 몇 가지 질문을 드리겠습니다.
다음 진술문에 얼마나 동의하는지 0점에서 10점 사이로 응답해 주세요.
0점은 '전혀 동의하지 않는 것'이고,
10점은 '전적으로 동의하는 것'입니다.

① 나는 하루의 대부분을 좋은 느낌으로 보낸다.

☐	☐	☐	☐	☐	☐	☐	☐	☐	☐	☐
0	1	2	3	4	5	6	7	8	9	10

② 나는 나의 미래가 낙관적일(밝을) 것으로 예상한다.

☐	☐	☐	☐	☐	☐	☐	☐	☐	☐	☐
0	1	2	3	4	5	6	7	8	9	10

③ 나는 내가 어떻게 살 것인지에 대한 문제를 자유롭게 결정할 수 있다.

☐	☐	☐	☐	☐	☐	☐	☐	☐	☐	☐
0	1	2	3	4	5	6	7	8	9	10

④ 나는 내가 하는 모든 일이 가치(보람) 있다고 느낀다.

☐	☐	☐	☐	☐	☐	☐	☐	☐	☐	☐
0	1	2	3	4	5	6	7	8	9	10

⑤ 나는 내가 하는 일들에서 성취감을 느끼는 날이 많다.

☐	☐	☐	☐	☐	☐	☐	☐	☐	☐	☐
0	1	2	3	4	5	6	7	8	9	10

⑥ 뭔가 일이 잘못되더라도 나는 오래되지 않아 정상궤도로 돌아올 수 있다.
   (뭔가 일이 잘못되더라도 나는 금세 회복할 수 있다.)

☐	☐	☐	☐	☐	☐	☐	☐	☐	☐	☐
0	1	2	3	4	5	6	7	8	9	10

| 파트 2 |

지난 일주일간 당신이 받은 느낌에 대해 질문을 드리겠습니다.
지난 일주일을 기준으로 다음 질문에 나타난 느낌을 얼마나 자주 경험했는지
0점에서 10점 사이로 응답해 주세요.
0점은 '전혀 경험하지 않은 것'이고,
10점은 '모든 시간을 경험한 것'입니다.

---

⑦ 지난 일주일간 당신은 활력(에너지)이 넘쳤습니까?

☐	☐	☐	☐	☐	☐	☐	☐	☐	☐	☐
0	1	2	3	4	5	6	7	8	9	10

---

⑧ 지난 일주일간 당신은 평온했습니까?

☐	☐	☐	☐	☐	☐	☐	☐	☐	☐	☐
0	1	2	3	4	5	6	7	8	9	10

---

⑨ 지난 일주일간 당신은 외로웠습니까? (▼)

☐	☐	☐	☐	☐	☐	☐	☐	☐	☐	☐
0	1	2	3	4	5	6	7	8	9	10

9가지 질문에 대한 응답 점수를 합산한 후 평균을 내 보세요.

● 주의점 : (▼) 표시가 되어 있는 ⑨번은 역채점을 해야 합니다. 0점을 10점으로,
   1점을 9점, 2점을 8점, 3점을 7점, 4점을 6점, 6점을 4점, 7점을 3점, 8점을
   2점, 9점을 1점, 10점을 0점으로 말입니다.

● 해석 : 평균값 0~3점은 충만감이 낮은 삶을 살고 있다는 것이고, 4~6점은 보통,
   7점 이상은 충만감이 높은 삶을 살고 있다는 뜻입니다.

9가지 질문이 어떤가요? 의미 있는 삶인지 아닌지 돌아보는 데 꼭 필요한 것들만 골라 놓은 것 같지 않나요?

그럼 의미 있는 삶이란 어떤 삶일까요? 우선 미래에 도움이 되는 일을 하는 삶입니다. 당장 편한 것만을 좇지 않습니다. 지금은 조금 힘들어도 오래 행복할 수 있는 일을 찾습니다. 또 의미 있는 삶은 스스로 결정하고 개척하는 삶입니다. 사실 9가지 질문은 자기 삶에 대한 결정권을 충만히 누리고 있는지 묻는 것입니다. 목적과 꿈이 있는 삶인지 묻는 것이죠.

의미 있는 삶은 가치 있고, 보람 있는 일을 하며 사는 것입니다. 가치 있고 보람이 있으려면 공동체 구성원들에게 기여를 해야 합니다. 공동체 구성원들을 행복하게 하는 삶이 내게도 의미 있는 삶이란 것이죠. 또한 의미 있는 삶은 어려운 일을 겪어도 바로 일어설 수 있는, 회복탄력성을 갖춘 삶입니다. 더 정확하게는 의미 있는 삶을 살았다는 증거가 회복탄력성으로 드러난다고 할 수 있겠습니다. 회복탄력성은 스트레스, 실패, 트라우마 등 부정적인 상황에서도 균형을 되찾고 다시 적응하며 성장하는 내면의 힘을 말합니다.

매일 의미 있는 일을 하고, 그 일을 통해 기쁨을 느끼고, 그래서 더 의미 있는 일을 하는 선순환이 여러분의 삶에서 이루어지면 좋겠습니다.

세계행복보고서는
어떻게 탄생했을까

세계행복보고서World Happiness Report는 유엔 산하 기구인 '지속가능발전해법네트워크'에서 매년 3월 20일 '세계 행복의 날'에 발간하는 보고서로, 세계 각국의 거주민들이 느끼는 삶의 만족도를 측정한 국가별 행복 지수를 순위를 매겨 발표하죠. 2024년 한국은 조사 대상 143개국 중 52위를 기록했습니다. 한국 사람들은 그다지 행복하지 않는 삶을 살고 있는 거지요. 핀란드는 7년 연속 1위를 차지했습니다.

지금 우리가 행복한지 아닌지 돌아보게 하는 이 세계행복보고서는 어떤 배경에서 만들어졌을까요?

2007년 5월, 프랑스 사르코지 대통령은 심각한 표정으로 책상에 앉아 있었습니다. 나라와 국민에 대한 자료들을 검토하면서 생긴

한 가지 의문 때문이죠.

'프랑스는 2차 세계대전 이후 계속 성장해 부유한 나라가 되었는데 왜 국민들은 행복하지 않을까?'

경제가 성장하면 행복할 줄 알았습니다. 전 세계인들이 경제 성장에 매달린 이유죠. 경제 성장을 가장 쉽게 보여 주는 지표인 1인당 국민소득이 매년 오를 때마다 환호했죠. 그런데 잘살게 되었는데도 프랑스 사람들의 얼굴이 어두운 겁니다. 우울증이 깊어지고, 자살하는 사람도 늘어 갔죠. 돈을 많이 벌면, 나라가 부유해지면 모두 행복할 줄 알았는데, 경제가 발전하고 굶지 않게 되면 모두 행복할 줄 알았는데, 결과는 그렇지 않은 겁니다.

잘산다고
행복한 건 아니다

이상하게 생각한 사르코지는 국민이 얼마나 행복한지 측정해 봐야겠다고 생각합니다. 그리고 행복을 측정하는 방법을 개발할 연구자들을 모집하기 시작하죠. 사르코지 의도에 공감한 이들이 모여듭니다. 조지프 스티글리츠(2001년 노벨경제학상 수상자), 아마르티아 센(1998년 노벨경제학상 수상자), 세계적인 경제학자 장-폴 피투시가 대표적입니다. 이들을 주축으로 각계각층의 전문가가 모여 연구에 들어갑니다.

연구진들이 가장 먼저 발견한 사실은 1인당 국민소득에 대한 집중이 많은 것을 잘못된 길로 이끌었다는 것입니다. 생각해 보세요. 행복을 1인당 국민소득으로 규정한 국가는 무엇에 집중할까요? 당연히 그 소득을 올리는 일에만 매진합니다. 환경 오염 같은 것에는 관심이 없습니다. 노인, 장애인, 아이들 등 경제 성장에 도움이 안 되는 사람들에게도 관심이 없습니다. 경제 성장만 할 수 있다면 불평등이 무슨 상관이고, 교육 격차가 깊어진들 어떻습니까. 중소기업이 망한들 어떻습니까. 주말이 있는 삶? 노동자들이 일하다가 죽는 것? 관심 없습니다. 프랑스뿐 아니라 대부분 나라가 이런 태도로 국가를 운영해 왔죠.

2009년 12월, 마침내 연구 결과가 발표되었습니다. 보고서는 전 세계에 큰 충격을 주었습니다. 때마침 유엔이 '지속 가능한 발전'이라는 주제로 고민하던 터라 더 주목을 받습니다. 연구를 이끈 조지프 스티글리츠, 아마르티아 센 등은 보고서 내용을 《우리 삶을 잘못 측정하고 있다MIS-Measuring Our Lives》란 책으로 내기도 했습니다. 경제 성장 위주의 잘못된 측정법을 바꾸자는 취지로 이런 제목을 달았다고 하네요. 다음은 책의 서문 중 일부입니다.

"우리가 측정하는 것이 우리가 추구하는 것을 만들 수 있듯이 우리가 추구

사르코지 보고서가 나온 지 2년 후인 2012년 4월, 보고서에서 제안한 것들이 마침내 결실을 맺어 세상에 나옵니다. 유엔의 지속가능발전해법네트워크가 각 국가의 행복을 측정해 순위를 매긴 세계행복보고서를 내놓은 것이죠. 돈이 아닌 개개인의 행복을 측정한 최초의 보고서였습니다.

세계행복보고서가 나온 이후 세상은 달라졌을까요? 즉 돈보다 사람을 더 중시하게 되었을까요? 완전히 그렇지는 못합니다. 하지만 돈이 아니라 인간을, 인간의 겉모습이 아니라 인간의 마음을 바라보는 측정이 계속된다면, 분명 지금보다 더 괜찮은 세상, 건강한 사회, 행복한 개인의 삶이 되지 않을까요.

행복 조건은
무엇일까

세계행복보고서는 국가마다 행복 지수가 다른 원인도 찾아냈는데요, 6가지였습니다. 이 말은 이 6가지가 괜찮다면 그 나라 국민은 행복 지수가 높다는 의미입니다. 이 6가지가 행복 조건이 되는 거죠. 어떤 건지 하나씩 살펴볼게요.

첫 번째는 '부패 지수'였습니다. 자국의 정치, 경제 시스템 등이 얼마나 부패했다고 생각하느냐에 따라 행복 지수가 8퍼센트나 차이 났다고 합니다. 부패 지수가 낮아야 행복하다는 말이죠.

두 번째는 '관대함'이었습니다. 자국 사람들이 타인의 실수에 얼마나 관대한지, 사회적 약자를 얼마나 배려하고 이들에게 기부를 했는지 등에 따라 행복 지수가 달라졌다고 합니다. 타인에게 관대하고 사회적 약자를 배려하는 사회에 살아야 행복하다는 거죠.

세 번째는 '자유롭게 선택하며 살 수 있는가'였습니다. 시간과 공간을 자유롭게 쓸 수 있는지, 물건을 자유롭게 살 수 있는지, 자유롭게 자아실현을 하고 교육을 받을 수 있는지, 자유롭게 이익을 추구할 수 있는지 등이 행복 지수에 영향을 끼쳤다는 것이죠.

네 번째는 '건강한 기대수명'입니다. 기대수명이 단순히 평균 생존 연수를 말하는 개념이라면, 건강한 기대수명은 몸과 마음이 정상으로 작동하면서 몇 살까지 살 수 있는지를 나타내는 개념입니다. 단순히 오래 사는 것이 아니라 '건강하게' 오래 살 수 있어야 행복하다는 얘기입니다.

다섯 번째는 '사회적 지지'입니다. 공동체 구성원들에게 얼마나 존중받고 있는지, 위기에 처했을 때 도움을 받을 수 있는지, 외롭거나 고독하다고 느끼지는 않는지 등이 행복에 영향을 끼친다는 겁니다. 행복 지수를 18퍼센트나 차이 나게 할 만큼 강력한 행복 조건입니다.

마지막 여섯 번째는 '1인당 국민소득'입니다. 1인당 국민소득이 행복 순위를 매기는 절대적인 기준이 되어서는 안 되겠지만, 그렇다고 해서 1인당 국민소득이 중요하지 않은 건 아닙니다. 1인당 국민소득이 높아야 원하는 일을 하면서 돈을 벌 수 있고, 목표를 추구하면서 자아실현도 할 수 있을 테니까요.

세계행복보고서는 각 국가가 무엇을 해야 할지 알려 줍니다. 국민이 행복해야 그 나라도 지속되고, 인류도 지속될 수 있으니까요.

청소년들의
행복 조건은?

아동, 청소년의 행복이 중요하다는 사실을 모르는 사람은 없습니다. 그런데 이들을 대상으로 한 행복 연구는 적습니다. 몇 가지 이유 때문이죠.

일단 아동, 청소년은 실험이나 조사에 참여하려면 양육자가 동의해야 합니다. 연구자로서는 이 동의 절차를 밟는 과정이 녹록지 않아 연구를 포기하게 되는 겁니다. 또 아동, 청소년은 대부분 학교에서 시간을 보내기 때문에 학교를 통해 조사나 실험을 해야 하는데, 학교의 협조를 얻는 일도 쉽지 않습니다.

학생들 간의 문해력 차이도 연구를 어렵게 하죠. 연구 설문지는 보통 성인용을 그대로 쓰는데, 같은 중학교 2학년인데도 누구는 그 설문지를 단박에 이해하고 누구는 전혀 이해하지 못할 수 있거든요. 결국 설문지 내용을 아이들 수준에 맞게 전부 바꿔야 합니다.

뇌과학적인 문제도 있습니다. 18세 미만의 청소년들은 충동을 조절하는 전두엽이 완전히 발달하지 않아 설문 조사나 실험에 집중하기 어렵습니다. 대충 응답한다면 조사의 의미가 없으니 아예 시도하지 않는 겁니다.

그런데 다행스럽게도 아동, 청소년들의 행복을 전문적으로 연구하는 기관이 생겼습니다. 바로 영국 런던에 본사를 두고 있는 아동·청소년협회The Children's Society예요. 이곳에서 매년 〈건강한 아동·청소년기 보고서The Good Childhood Report〉를 발표합니다.

그럼 이 보고서에서는 아동, 청소년의 행복을 어떻게 측정했을까요? 일단 성인들에게 물어보는 것보다 간략하고 단순한 문장으로 질문합니다. 0점에서 10점 사이로 응답하는 것은 성인들과 같지만, 질문이 간결하다는 점이 다르죠. 문해력이 낮은 청소년도 충분히 응답할 수 있게 한 것입니다. 질문은 15가지입니다. 체크해 볼까요.

〈건강한 아동·청소년기 보고서〉의 행복 측정

질문을 읽고, 여러분의 생각을 0점부터 10점 사이로 표시해 주세요.
해당되는 점수에 동그라미를 치거나 'V'로 표시하면 됩니다.

① 여러 가지로 잘 지내고 있나요?

□	□	□	□	□	□	□	□	□	□	□
0	1	2	3	4	5	6	7	8	9	10

전혀 아니에요 ➔ 보통이요 ➔ 정말 맞아요

② 가족들과 잘 지내나요?

□	□	□	□	□	□	□	□	□	□	□
0	1	2	3	4	5	6	7	8	9	10

전혀 아니에요 ➔ 보통이요 ➔ 정말 맞아요

③ 친구들과 잘 지내나요?

□	□	□	□	□	□	□	□	□	□	□
0	1	2	3	4	5	6	7	8	9	10

전혀 아니에요 ➔ 보통이요 ➔ 정말 맞아요

④ 스스로 멋지거나 예쁘다고 생각하나요?

□	□	□	□	□	□	□	□	□	□	□
0	1	2	3	4	5	6	7	8	9	10

전혀 아니에요 ➔ 보통이요 ➔ 정말 맞아요

⑤ 학교에서 즐거운가요?

□	□	□	□	□	□	□	□	□	□	□
0	1	2	3	4	5	6	7	8	9	10

전혀 아니에요 ➔ 보통이요 ➔ 정말 맞아요

⑥ 공부를 잘하고 있나요?

□	□	□	□	□	□	□	□	□	□	□
0	1	2	3	4	5	6	7	8	9	10

전혀 아니에요 ――――→ 보통이요 ――――→ 정말 맞아요

⑦ 학교에서 누가 때리나요?

□	□	□	□	□	□	□	□	□	□	□
0	1	2	3	4	5	6	7	8	9	10

전혀 아니에요 ――――→ 보통이요 ――――→ 정말 맞아요

⑧ 학교에서 누가 기분 나쁘게 몸을 만지나요?

□	□	□	□	□	□	□	□	□	□	□
0	1	2	3	4	5	6	7	8	9	10

전혀 아니에요 ――――→ 보통이요 ――――→ 정말 맞아요

⑨ 학교에서 친구들이 아는 척을 하지 않나요?

□	□	□	□	□	□	□	□	□	□	□
0	1	2	3	4	5	6	7	8	9	10

전혀 아니에요 ――――→ 보통이요 ――――→ 정말 맞아요

⑩ 학교에서 놀이나 모임에 끼지 못하나요?

□	□	□	□	□	□	□	□	□	□	□
0	1	2	3	4	5	6	7	8	9	10

전혀 아니에요 ――――→ 보통이요 ――――→ 정말 맞아요

⑪ 엄마와 자주 싸우나요?

□	□	□	□	□	□	□	□	□	□	□
0	1	2	3	4	5	6	7	8	9	10

전혀 아니에요 ――――→ 보통이요 ――――→ 정말 맞아요

⑫ 아빠와 자주 싸우나요?

☐	☐	☐	☐	☐	☐	☐	☐	☐	☐	☐
0	1	2	3	4	5	6	7	8	9	10

전혀 아니에요 ──────▶ 보통이요 ──────▶ 정말 맞아요

⑬ 엄마와 이야기를 많이 나누나요?

☐	☐	☐	☐	☐	☐	☐	☐	☐	☐	☐
0	1	2	3	4	5	6	7	8	9	10

전혀 아니에요 ──────▶ 보통이요 ──────▶ 정말 맞아요

⑭ 아빠와 이야기를 많이 나누나요?

☐	☐	☐	☐	☐	☐	☐	☐	☐	☐	☐
0	1	2	3	4	5	6	7	8	9	10

전혀 아니에요 ──────▶ 보통이요 ──────▶ 정말 맞아요

⑮ 무엇인가 잘하는 것이 있나요?

☐	☐	☐	☐	☐	☐	☐	☐	☐	☐	☐
0	1	2	3	4	5	6	7	8	9	10

전혀 아니에요 ──────▶ 보통이요 ──────▶ 정말 맞아요

질문이 정말 쉽죠? 1번 질문은 자기 삶을 종합적으로 평가해 보는 것이고, 나머지 14개는 1번 질문에 대한 답에 영향을 미칠 만한 행복의 조건들이죠. 가족, 친구들과 관계는 괜찮은지, 괴롭힘을 당하거나 따돌림을 당하고 있지는 않은지 등을 물어봅니다. 성인에게는 잘 묻지 않는 자신의 외모에 대한 생각도 물어보죠.

이 중 청소년의 행복에 크게 영향을 미치는 두 가지를 뽑는다면 무엇일까요? 공부를 얼마나 잘하고 있는지(학업 성취도)와 스스로 얼마나 멋지거나 예쁘다고 생각하는지(외모 자신감)입니다. 쉽게 말해 공부를 잘하고, 자기 외모에 자신감이 넘칠수록 행복하다는 것이죠.

괴롭힘이나 따돌림 문제는 중요한데, 왜 뒤로 밀려났을까요? 모든 학생이 겪는 문제가 아니라서인 듯합니다. 더 많은 사람이 경험하는 일이 두드러지는 것이 이런 설문 조사의 맹점입니다. 학업 성취도와 외모 자신감 다음으로 청소년의 행복에 영향을 끼치는 것이 엄마와의 관계입니다. 엄마와 자주 싸우는지, 자주 이야기를 나누는지가 영향을 끼치죠. 아빠는 별 영향을 끼치지 않습니다. 어느 나라에서나 엄마는 아이들 성장에 큰 영향을 끼치나 봅니다.

학교에서 선생님들이 이 보고서의 설문지를 자주 활용하면 좋겠습니다. 일 년에 한두 번 정기적으로 하면 어떨까요. 교육청을 비롯한 교육 기관에서 정기적으로 실시한다면 더할 나위 없이 좋겠고요.

성격도
측정할 수 있을까

성격은 무엇일까요? 심리학에서는 다음처럼 정의합니다.

한 개인이 특정 환경에서 나타내는 독특하고 일관적인 행동, 사고, 감정의
패턴

심리학이란 학문이 생긴 초기부터 연구자들은 성격에 관심을 가지고 측정하려고 노력해 왔습니다. 그 노력의 결과물 중 가장 과학적인 성격 측정 도구로 알려진 것이 바로 빅-파이브^{Big-5}입니다. 이 검사는 성격심리학자 루이스 골드버그가 1992년에 개발했습니다. 보통 'OCEAN'이라는 약자로 부릅니다. OCEAN은 5가지 성격을 나타내는 영어 단어의 첫 글자을 조합한 말입니다.

첫 번째 'O'는 경험에 대한 개방성^{Openness for experience}을 의미합니다. 줄여서 '개방성'이라고 하죠. 개방성은 한 사람이 새로운 경험이나 제도에 얼마나 열린 자세를 취하고 있는지를 보는 것입니다. 개방성이 높은 사람일수록 신제품을 선호하고, 정치적으로 진보적입니다. 새로운 음식이나 문화를 잘 받아들이는 사람들도 개방성이 높은 사람들이죠. 반면 개방성이 낮은 사람들은 검증된 제품을 좋아하고, 정치적으로 기존 체제를 유지하는 것을 더 선호하며, 새로운 문화나 태도에 방어적인 태도를 보일 가능성이 높습니다. 개방성이 높은 사람은 새로운 경험을 할 때 행복하지만, 개방성이 낮은 사람은 기존 방식이 유지될 때 행복합니다.

두 번째 'C'는 성실성^{Conscientiousness}입니다. 성실성은 한 사람이 얼마나 부지런하고 꾸준하게 일을 해 나가는지를 보는 것입니다. 성실할수록 자신을 잘 통제하고, 불편이나 지루함을 견디는 능력이 높습니다. 이런 사람들은 학업 성취도도 높고, 직장에서도 좋은 평가를 받죠.

세 번째 'E'는 외향성^{Extroversion}입니다. 외향성은 사람들과 어울리는 것을 좋아하는지 등을 보는 것입니다. 외향적일수록 모임을 좋아하고, 여러 사람과 함께하는 시간을 즐깁니다. 스포츠, 여행을 함께하기도 하죠. 반면 내성적인 사람들은 보통 혼자 있기를 좋아해 모임이나 여러 사람이 모이는 곳을 좀 피곤해합니다.

네 번째 'A'는 친화성^{Agreeableness}입니다. 친화성은 다른 사람들과

협력하기를 좋아하는지를 보는 것입니다. 친화성이 높은 사람들은 대부분 공감을 잘해 준다는 평을 들어요. 친화성이 높을수록 자기 의견을 강하게 주장하기보다 여러 사람의 의견에 맞추어 가려는 태도를 보입니다. 타인에게 피해를 줄 수 있는 행동이나 폭력적인 언행은 극도로 삼가고요. 친화성이 높을수록 타인의 실수나 잘못에 대해서도 관대합니다. 반면 친화성이 낮은 사람은 대체로 혼자 일하는 것을 좋아하고, 자신이 일을 주도할 때 행복합니다.

다섯 번째 'N'은 신경증적 성향 Neuroticism 입니다. 신경증적 성향은 '정서적 안정성'이라고도 하죠. 신경증적 성향이 높으면 정서적 안정성이 낮습니다. 신경증적 성향이 낮은 사람은 정서적 안정성이 높고요. 눈치채셨겠지만, 신경증적 성향은 얼마나 쉽게 불안을 느끼거나 긴장하는지, 얼마나 자주 예민해지거나 날카로워지는지를 보는 것입니다. 신경증적 성향이 높을수록 어떤 상황을 마주하거나 어떤 일을 시작하기 전에 많이 불안해합니다. 예를 들어 면접이나 발표 같은 중요한 일을 앞두고 긴장을 많이 하죠. 또 신경증적 성향이 높을수록 다른 사람의 말이나 행동에 상처를 많이 받고, 날카롭게 반응할 가능성이 큽니다. 당연한 이야기지만, 신경증적 성향이 높을수록 행복하지 않지요.

이제 빅-파이브 성격 검사를 해 보겠습니다. 나는 어느 성격에 해당할까요? 한 질문에 15초 이내로 응답해 주세요. 20가지 질문에 대한 응답이 5분을 넘기지 않게 해 주세요.

빅-파이브 성격 검사

다음 문장을 읽고, 얼마나 동의하는지 1점에서 7점 사이로 답해 주세요.

1점 : 전혀 그렇지 않다
2점 : 그렇지 않다
3점 : 조금 그렇지 않다
4점 : 보통이다
5점 : 조금 그렇다
6점 : 그렇다
7점 : 매우 그렇다

아래 문장에 얼마나 동의하시나요?

① 나는 사람들과 이야기하는 것을 좋아하는 편이다.

☐ 1   ☐ 2   ☐ 3   ☐ 4   ☐ 5   ☐ 6   ☐ 7

② 나는 밖에 나가서 사람들과 함께 있는 것을 좋아하는 편이다.

☐ 1   ☐ 2   ☐ 3   ☐ 4   ☐ 5   ☐ 6   ☐ 7

③ 나는 말하는 것을 즐겨 하지 않는 편이다. (▼)

☐ 1   ☐ 2   ☐ 3   ☐ 4   ☐ 5   ☐ 6   ☐ 7

④ 나는 속마음을 잘 드러내지 않는 편이다. (▼)

☐ 1   ☐ 2   ☐ 3   ☐ 4   ☐ 5   ☐ 6   ☐ 7

⑤ 나는 주변 사람들에게 신경 쓰고, 친절하게 대하려 노력하는 편이다.

☐ 1　☐ 2　☐ 3　☐ 4　☐ 5　☐ 6　☐ 7

⑥ 나는 나에게 잘못한 사람을 쉽게 용서하는 편이다.

☐ 1　☐ 2　☐ 3　☐ 4　☐ 5　☐ 6　☐ 7

⑦ 나는 모르는 사람도 선뜻 도와주고, 이기적으로 대하지 않는 편이다.

☐ 1　☐ 2　☐ 3　☐ 4　☐ 5　☐ 6　☐ 7

⑧ 나는 다른 사람들과 힘을 합쳐 일하는 것을 좋아하는 편이다.

☐ 1　☐ 2　☐ 3　☐ 4　☐ 5　☐ 6　☐ 7

⑨ 나는 정돈되지 않은 상황을 싫어하는 편이다.

☐ 1　☐ 2　☐ 3　☐ 4　☐ 5　☐ 6　☐ 7

⑩ 나는 시작한 일이나 공부를 끝까지 추진해 나가는 편이다.

☐ 1　☐ 2　☐ 3　☐ 4　☐ 5　☐ 6　☐ 7

⑪ 나는 어떤 일을 하다가도 쉽게 산만해지는 편이다. (▼)

☐ 1　☐ 2　☐ 3　☐ 4　☐ 5　☐ 6　☐ 7

⑫ 나는 계획대로 일을 추진해 나가는 편이다.

☐ 1　☐ 2　☐ 3　☐ 4　☐ 5　☐ 6　☐ 7

⑬ 나는 자주 예민해지는 편이다.

☐   ☐   ☐   ☐   ☐   ☐   ☐
1   2   3   4   5   6   7

⑭ 나는 자주 긴장하는 편이다.

☐   ☐   ☐   ☐   ☐   ☐   ☐
1   2   3   4   5   6   7

⑮ 나는 긴장된 상황에서도 평정심을 유지하는 편이다. (▼)

☐   ☐   ☐   ☐   ☐   ☐   ☐
1   2   3   4   5   6   7

⑯ 나는 자주 불안한 편이다.

☐   ☐   ☐   ☐   ☐   ☐   ☐
1   2   3   4   5   6   7

⑰ 나는 새로운 아이디어를 배우고 수용하는 것을 즐기는 편이다.

☐   ☐   ☐   ☐   ☐   ☐   ☐
1   2   3   4   5   6   7

⑱ 나는 더 나은 세상을 상상하고 추구하는 편이다.

☐   ☐   ☐   ☐   ☐   ☐   ☐
1   2   3   4   5   6   7

⑲ 나는 나와 다른 것을 잘 수용하는 편이다.

☐   ☐   ☐   ☐   ☐   ☐   ☐
1   2   3   4   5   6   7

⑳ 나는 늘 하던 방식대로 유지하는 것을 좋아하는 편이다. (▼)

☐   ☐   ☐   ☐   ☐   ☐   ☐
1   2   3   4   5   6   7

● 계산법

(▼) 표시가 되어 있는 질문은 역채점을 해야 합니다. 역채점 방식은 다음과 같습니다. 7점은 1점으로, 6점은 2점, 5점은 3점, 4점은 4점, 3점은 5점, 2점은 6점, 1점은 7점으로 계산합니다.

모두 응답한 후 아래처럼 계산한다.

· 개방성(O) : (⑰ + ⑱ + ⑲ + ⑳) / 4
· 성실성(C) : (⑨ + ⑩ + ⑪ + ⑫) / 4
· 외향성(E) : (① + ② + ③ + ④) / 4
· 친화성(A) : (⑤ + ⑥ + ⑦ + ⑧) / 4
· 신경증적 성향(N) : (⑬ + ⑭ + ⑮ + ⑯) / 4

각각의 성격 점수가 3점을 넘지 않으면, 해당 성격 특성이 낮은 것으로 해석하면 됩니다. 3점 이상 5점 미만이면 보통이고, 5점 이상이면 높은 것으로 보면 됩니다. 이렇게 성격을 과학적으로 측정할 수 있다니 놀랍지 않나요.

기본 욕구도
측정할 수 있을까

모든 인간은 욕구를 가지고 있습니다. 욕구를 '욕심'과 비슷한 말인 줄 아는 분들이 있는데, 둘은 다릅니다. 욕심은 필요 이상으로 가지고 싶어 하는 것을 말하고, 욕구는 딱 필요한 것만 얻고 싶은 심리를 말하니까요. 먹고 싶은 욕구가 대표적이죠.

　미국 심리학자 매슬로는 인간이면 누구나 갖고 있는 기본 욕구를 5가지로 뽑았고, 이 욕구들은 순서대로 채워져야 한다고 주장합니다. 이것이 1943년에 발표한 '욕구 위계 이론'이에요. 5가지 욕구는 생리적 욕구, 안전의 욕구, 사랑과 소속의 욕구, 자존감의 욕구, 자아실현의 욕구입니다. 그리고 이 욕구들은 생리적 욕구 → 안전의 욕구 → 사랑과 소속의 욕구 → 자존감의 욕구 → 자아실현의 욕구 순서로 채워진다는 것이죠. 쉽게 말해 생리적 욕구가 채워져야 안

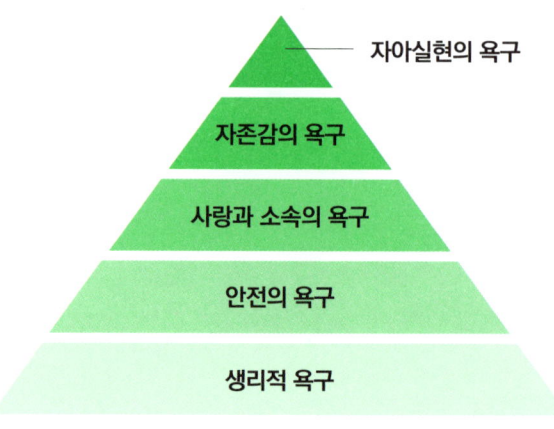

매슬로의 욕구 위계 이론

전의 욕구를 추구할 수 있다는 겁니다. 예를 들면 배가 불러야 편히 쉴 집도 생각할 수 있다는 논리죠.

5가지 욕구가 뭔지 좀 더 살펴볼게요. 먼저 생리적 욕구는 숨 쉬는 것, 물 마시는 것, 음식 먹는 것, 잠자는 것 등 생존을 위해 꼭 필요한 욕구를 말합니다. 안전의 욕구는 위협과 위험으로부터 자신을 지키고 안정된 환경에서 살아가고자 하는 욕구로, 안정적인 집이나 직업을 원하는 것이 그 예죠. 사랑과 소속의 욕구는 다른 사람들과 관계를 맺고, 어떤 집단에 소속되어 인정받고 싶어 하는 욕구로, 가족·친구·동료와 친밀한 관계를 맺고 싶어 하거나 동호회에 가입하는 것 등이 그 예입니다. 자존감의 욕구는 자신의 가치를 인식하고 타인에게 존중과 인정을 받고 싶어 하는 욕구로, '성공한 사람'이 되려는 것이 그 예죠. 가장 높은 단계인 자아실현의 욕구는 타고난 잠

재력과 능력을 최대한 발휘해 자신을 완성하고 싶어 하는 욕구입니다. 매슬로는 생리적 욕구를 비롯해 아래 4가지 욕구가 충족되어야 자아실현의 욕구가 충족될 수 있다고 보았죠.

현대에 들어맞지
않는 점들

그런데 현대 심리학에서는 매슬로 이론을 다양한 측면에서 비판합니다. 일단 너무 오래된 이론이잖아요. 현대 사회에 잘 들어맞지 않는다고 비판합니다. 생리적 욕구만 해도 요즘은 복지 제도를 갖춘 나라가 많아서 생존에 필요한 최소한의 것들은 보장해 주니까요. 그뿐인가요. 자아실현을 위한 교육이 의무이자 권리인 나라가 대부분입니다. 또 매슬로는 나이가 들어 가면서 자신이 제시한 5단계로 욕구가 발전해 간다고 주장했는데, 지금은 그렇지 않습니다. 10대에도 최상위 욕구인 자아실현을 추구할 수 있으니까요. 한 예로 의사가 되려고 의대 진학을 준비하잖아요.

현대 심리학에서는 매슬로 이론에서 말하는 욕구들은 인정하되, 위계는 인정하지 않습니다. 더 높고 낮은 욕구는 없다고 보지요. 또 매슬로는 하위 욕구를 충족해야 다음 단계의 욕구를 추구할 수 있다고 보았지만, 현대 심리학에서는 오히려 반대로 봅니다. 최상위 욕구인 자아실현을 추구하다 보면, 그 아래 단계의 욕구들이 자연스럽게 충족된다는 시각이 더 지배적이죠. 자아실현을 하려고 노력하니까, 자존감도 생기고, 사랑과 소속감도 따라오고, 안전과 생리적 욕구도 충족된다는 것입니다.

심리사회적
욕구 측정법

이런 현대 심리학의 시각은 욕구 측정법도 달라지게 했습니다. 그 결과물이 '심리사회적 욕구 측정법'입니다. 이 측정법은 5가지 질문으로 구성되어 있습니다. 존중의 욕구, 유대감의 욕구, 배움과 성장의 욕구, 유능감의 욕구, 자율의 욕구가 그것입니다. 여기서 유능감은 어떤 일을 성공적으로 수행할 수 있다는 자신의 능력에 대한 믿음, 즉 자기 효능감을 말합니다. 어떤 과제를 해내거나 어떤 목표를 달성할 수 있다고 기대하고 신념을 가지는 것을 말하는데요, 유능감이 높을수록 어려운 일에도 잘 도전하고, 실패했더라도 잘 극복해 냅니다.

이제 설문지를 작성해 볼까요?

심리사회적 욕구 측정법

	네(1점)	아니오(0점)
① [존중의 욕구] 당신은 사람들로부터 존중받고 있습니까?	☐	☐
② [유대감의 욕구] 당신은 위기에 처했을 때 도움을 받거나 의지할 수 있는 사람(예: 가족, 친구, 지인)이 있습니까?	☐	☐
③ [배움과 성장의 욕구] 당신은 뭔가 새로운 것을 배우고 있습니까?	☐	☐
④ [유능감의 욕구] 당신은 뭔가 잘하는 일을 하고 있습니까?	☐	☐
⑤ [자율의 욕구] 당신은 당신이 하고 싶은 일을 할 수 있는 자유를 가지고 있습니까?	☐	☐

위 5가지 질문은 2가지 형태로 측정할 수 있습니다.

● 측정법 1 : '네 / 아니오'로 물어본 후, '네'는 1점, '아니오'는 0점으로 계산합니다. 전체 합산 점수가 0~1점은 심리사회적 욕구 충족이 낮은 상태, 2~3점은 보통, 4~5점은 높은 상태로 해석합니다.

● 측정법 2 : 1점에서 5점 사이로 물어볼 수 있습니다. 1점은 '전혀 그렇지 않다', 2점은 '그렇지 않다', 3점은 '보통이다', 4점은 '그렇다', 5점은 '매우 그렇다'로 측정합니다. 5가지 질문에 대한 응답의 평균을 냈을 때, 2점 미만은 심리사회적 욕구 충족이 낮은 상태, 2점 이상 4점 미만은 보통, 4점 이상은 높은 상태로 해석합니다.

사실 이 질문들은 자아실현을 전제로 한 것입니다. 자아실현을 추구하는 삶은 의미 있는 삶과 가치 있는 삶을 추구한다는 말과 같죠. 의미와 가치를 추구하면, 먹을 것도 따라오고, 집도 생기고, 돈도 따라오고, 좋은 관계와 존중도 따라오지만, 의미와 가치의 추구 없이 돈이나 쾌락만 좇는다면 나머지 다른 욕구가 여러분에게서 달아날지 모릅니다. 그러므로 현대인은 자아실현을 추구하는 과정에서 행복할 수 있습니다.

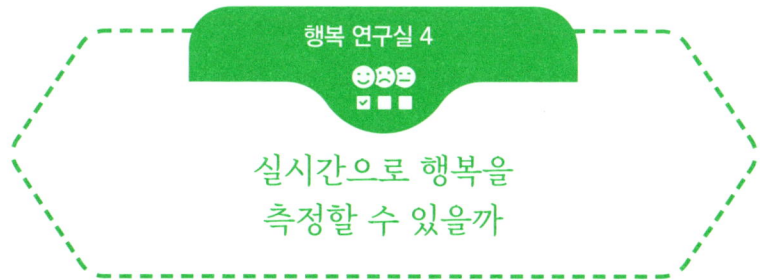

20세기에 행복을 연구하던 사람들은 고민이 하나 있었습니다. 행복을 실시간으로 측정할 수 없다는 것입니다. 행복이 그렇잖아요. 결국 지나간 일에 대한 회상 혹은 해석이지, 실시간 측정은 어렵잖아요.

그런데 21세기 들어 마법 같은 일이 벌어집니다. 실시간 측정이 가능해진 겁니다! 무엇으로요? 바로 스마트폰으로요.

가장 먼저 스마트폰을 활용한 연구자는 미국의 심리학자 미하이 칙센트미하이입니다. 칙센트미하이는 행복 연구자이자 몰입 연구의 대가죠. 그는 1990년대부터 실시간으로 경험을 측정할 방법을 찾으려 노력했습니다. 자신의 주 연구 분야인 '몰입'을 파악하려면 실시간으로 어떤 과업을 수행하는지, 그 과업을 수행하면서 몰입이 일어나는지를 봐야 했기 때문입니다.

이런 칙센트미하이에게 스마트폰의 등장은 가뭄의 단비 같은 행운이었죠. 사람들의 스마트폰 번호를 알아낸 후, 그곳으로 온라인 설문지 링크를 보내기만 하면 언제든지 실시간 경험을 측정할 수 있게 되었으니까요. 설문지를 전송한 시간도 알 수 있고, 응답한 시간이 바로 찍히기 때문에 이 사람이 바로 응답을 한 것인지, 시간이 지난 후에 응답한 것인지도 파악할 수 있게 되었습니다. 칙센트미하이는 이 측정 방법을 '실시간 경험 측정법ESM, Experience Sampling Method 이라 불렀습니다.

실시간 경험 측정법

행복 연구자들은 연구에 ESM을 활용했습니다. 연구 기간을 보통 1~2주(14일)로 잡고, 하루에 3번 아무 때나 온라인 설문지 링크를 보냈죠. 그 설문지를 확인한 시점에 어디에서 무엇을 하고 있었는지에 대해 입력하게 했고요. 또 현시점을 기준으로 어떤 감정을 느끼고 있는지 자유롭게 입력하게 하거나, 연구자가 알고 싶은 감정 표현을 제시한 후 그 감정을 얼마나 느끼고 있는지도 응답하게 했습니다.

세계적인 과학 학술지 《사이언스》에도 ESM을 활용한 연구가 종종 실립니다. 그중 저는 하버드대학교 심리학자 매튜 킬링스워스와 다니엘 길버트의 연구를 소개하려고 합니다. 두 사람은 행복 연구자로 아주 유명합니다. 이들은 아이폰을 활용해 사람들의 행복을 실시간으로 측정하는 앱을 개발하고, 이를 통해 행복에 관한 다양한 연구 결과물을 내놓았습니다. 그중 하나가 마음이 산만한 것과 행복의 관계를 실시간으로 조사한 것입니다.

두 사람은 스마트폰 사용자를 대상으로 하루 3번 아무 때나 온라인 설문지를 보내 지금 어디서 무슨 일을 하고 있었는지, 그 일을 집중해서 하고 있는지 혹은 딴생각을 하고 있지는 않았는지 '네 / 아니오'로 물어보았습니다. 그리고 얼마나 행복한지를 0점에서 100점 사이로 응답하게 했습니다. 그리고 산만하거나 딴생각을 한다고 응답한 시점에서의 행복과 집중하고 있다고 응답한 시점의 행복을 비교했습니다.

산만할 때와 집중할 때 중 언제 사람들은 더 행복했을까요? 집중할 때였습니다. 즉 사람들은 현재 자신의 일에 집중할 때, 즉 산만하지 않을 때 행복했고, 산만하거나 딴생각을 할수록 불행감을 느꼈습니다. 이 연구의 또 다른 흥미로운 발견은 지인이나 친구, 가족과 대화할 때 산만하면 불행한 느낌을 받는다는 것입니다. 그러니 앞으로는 집중해서 대화를 나누면 어떨까요? 이 연구 제목이 〈산만한 마음은 불행한 마음이다 A wandering mind is an unhappy mind〉인데, 딱 들어맞는 제목이죠?

하지만 ESM도 완벽한 방법은 아닙니다. 약점이 있습니다. 우선 ESM을 진행하는 기간에는 하던 일을 중단해야 한다는 겁니다. 또 아무 때나 메시지가 오는 것을 편하게 받아들이는 사람이 있는가

하면, 어떤 사람들은 그로 인해 되레 일에 집중하지 못하고 계속 스마트폰만 쳐다보게 된다는 것이죠.

일상 재구성법

이런 약점 때문에 일부 심리학자들은 ESM과 다른 방식으로 실시간 경험을 측정합니다. 그 방법이 일상 재구성법^{DRM, Day Reconstruction Method}입니다. DRM은 2004년에 노벨경제학상 수상자인 대니얼 카너먼이 주도해 개발한 것인데요, 사람들이 일기를 쓰면서 하루를 마무리하는 것을 보고 힌트를 얻었다고 해요.

DRM은 잠자기 직전이나 하루가 마무리되었다고 느끼는 시점에 그 하루를 시간대별로 재구성하며, 어떤 것을 느꼈는지 응답하는 것입니다. 오늘 일이라 비교적 기억이 생생하고, 기억이 오염될 가능성도 아주 낮은 상태에서 진행합니다. 정확하게 실시간은 아니지만, 비교적 실시간 측정에 가깝고, 연구 참가자들이 어떤 일을 하다가 연구 때문에 그 일을 중단할 필요가 없다는 장점을 갖고 있습니다. 응답 시간을 스스로 조절할 수 있어 스트레스도 적게 받게 합니다.

ESM의 단점이라면, 스마트폰에 익숙한 젊은 세대는 부담 없이 쓸 수 있는 방법이지만, 스마트폰에 익숙하지 않거나 사용 시간이 적은 고령층에게는 부담스러울 수 있다는 점입니다. 반면 DRM은 온라인이든 종이 설문지로든 다 진행할 수 있는 것이 장점이죠. 전 연령층을 대상으로 조사할 수 있습니다.

DRM도 《사이언스》에 소개되었습니다. DRM의 연구 결과 중 가장 인상적인 것은 이것입니다. 친밀한 사람들과는 아무리 오래 있어도 즐겁고 행복한 반면, 불편한 사람들과는 오래 있을수록 불행해졌다는 것입니다.

ESM과 DRM에 대해 살펴보았습니다. 가끔 ESM과 DRM을 해 보면 어떨까요. 자신의 삶을 점검하기도 좋고, 매일 하는 일들이나 경험하는 것들이 장기적으로 어떤 영향을 미치는지를 분석하는 데도 활용할 수 있거든요. 한 예로 반려동물과 산다면, 반려동물과 나의 관계, 반려동물이 주는 행복도 ESM과 DRM을 활용해 측정해 볼 수 있겠죠. ☺

인간관계는
행복에 영향을 미칠까

인간은 사회적 동물입니다. 혼자서는 살 수 없죠. 아무리 내성적인 사람이라도 평생 혼자 있고 싶지는 않을 겁니다. 우리 모두에게는 건강한 관계, 좋은 관계가 필요합니다.

한 사람의 행복에 건강한 관계가 얼마나 중요한지는 다양한 과학적 연구로 증명되었습니다. 그중 대표적인 연구가 〈아주 행복한 사람들Very happy people〉입니다. 긍정심리학자 에드 디너와 우울증을 연구하다 행복 연구자가 된 마틴 셀리그먼이 함께 연구한 것인데요, 연구 결과는 유명한 심리학 학술지 《심리과학Psychological Science》에 실렸습니다.

두 사람은 먼저 무엇이 행복하게 하는지 알아보기 위해 다양한 요소를 측정했습니다. 소득, 신체적 매력, 운동하는 시간, 수면 시간, 동영상을 보는 시간, 종교 활동 시간을 측정했습니다. 성격(Big-5), 학업 성취도(학점), 최근에 좋은 일을 경험한 빈도와 나쁜 일을 경험한 빈도도 측정했죠. 인간관계에 관한 것, 즉 가까운 친구가 있는지, 가족 간의 유대감이 강한지, 애인과 사이가 좋은지, 혼자 있는 시간이 많은지, 좋은 관계를 맺은 사람들과 함께하는 시간이 많은지도 측정했습니다. 주변 사람들에게 좋은 평판을 얻고 있는지도 측정했고요.

결과는 어땠을까요? 사람들의 행복에 가장 강력하게 영향을 미친 것은 무엇이었을까요? 바로 '인간관계'였습니다. 학점도, 소득도 별 영향력이 없었습니다. 좋은 일과 나쁜 일의 빈도도 행복에 미치는 영향력이 약했고, 운동과 수면 시간의 영향력도 크지 않았죠. 행복한 사람들은 가족, 친구, 회사 동료 등과 건강한 관계를 맺고 있었고, 유대감도 깊었습니다. 평판이 좋았고, 혼자 있는 시간도 상대적으로 적었습니다.

성격이 행복에 어떤 영향을 끼칠지도 궁금할 텐데요, 성격은 생각만큼 행복에 큰 영향을 끼치지는 않았습니다. 앞에서 설명한 5가지 성격(Big-5 즉 개방성·성실성·외향성·친화성·신경증적 성향) 중 하나만 영향을 끼쳤습니다. 바로 신경증적 성향입니다. 신경증적 성향은 불안감과 부정적인 감정(분노, 우울 등)을 쉽게 느끼는 성격입니다. 쉽게 말하면 신경증적 성향이 높은 사람들은 감정 기복이 심하고 부정적인 감정을 자주 느끼죠. 이런 분들은 자주 짜증이나 화를 내서 관계를 안정적으로 맺기 어렵습니다. 하지만 좋은 관계를 맺으면 아주 행복해지는 유형의 사람들입니다. 디너와 셀리그먼은 이렇게 결론을 내려요. 행복한 사람 중에 인간관계가 나쁜 사람은 없다고요.

인간관계는 어떻게
측정할 수 있을까

여러분의 인간관계는 어떤가요? 〈아주 행복한 사람들〉 연구에 쓰인

인간관계 측정 설문지를 소개할 테니, 한번 점검해 보세요.

〈아주 행복한 사람들〉의 인간관계 측정

다음 질문을 읽고, 얼마나 동의하는지 0점에서 6점 사이로 답하세요.

0점: 전혀 그렇지 않다
1점: 그렇지 않다
2점: 조금 그렇지 않다
3점: 보통이다
4점: 조금 그렇다
5점: 그렇다
6점: 매우 그렇다

---

① 나는 가깝게 지내며 자주 만나거나 이야기하는 친구들이 있다.

☐ 1   ☐ 2   ☐ 3   ☐ 4   ☐ 5   ☐ 6

② 내 가족은 믿고 의지할 수 있으며 유대감이 강하다.

☐ 1   ☐ 2   ☐ 3   ☐ 4   ☐ 5   ☐ 6

③ 나는 애인이 있으며, 좋은 관계를 유지하고 있다.
  (애인이 없으면 0점. 애인이 있으면 1점 이상으로 점수 부여)

☐ 1   ☐ 2   ☐ 3   ☐ 4   ☐ 5   ☐ 6

④ 나는 혼자 있는 시간이 많다.

☐ 1   ☐ 2   ☐ 3   ☐ 4   ☐ 5   ☐ 6

---

⑤ 나는 좋은 관계를 맺고 있는 사람들과 함께 있는 시간이 많다.

□	□	□	□	□	□
1	2	3	4	5	6

● 계산법 : 응답 점수를 합산한 후 평균을 내세요. 0점 이상 2점 미만은 인간관계가 나쁜 것이고, 2점 이상 4점 미만은 보통이고, 4점 이상 6점 이하는 인간관계가 좋은 것으로 해석하면 됩니다.

다음은 마틴 셀리그먼이 개발한 인간관계 측정법인 〈건강한 관계 측정법〉입니다. 이것도 한번 해 보세요.

건강한 관계 측정법

다음 질문을 읽고, 얼마나 동의하는지 0점에서 10점 사이로 답하세요.

전혀 동의하지 않을수록 0점에 가깝게,
강하게 동의할수록 10점에 가깝게 점수를 부여하면 되고,
동의하지도, 부정하지도 않는 중간 점수는 5점입니다.

① 당신은 도움이 필요할 때 다른 사람들에게 얼마나 도움과 응원을 받습니까?

☐	☐	☐	☐	☐	☐	☐	☐	☐	☐	☐
0	1	2	3	4	5	6	7	8	9	10

② 당신은 일상생활에서 얼마나 자주 외로움을 느낍니까? (▼)
  * 외로움 : 고독감, 혼자라는 느낌

☐	☐	☐	☐	☐	☐	☐	☐	☐	☐	☐
0	1	2	3	4	5	6	7	8	9	10

③ 당신은 주변 사람들에게 얼마만큼 사랑받고 있다고 느낍니까?

☐	☐	☐	☐	☐	☐	☐	☐	☐	☐	☐
0	1	2	3	4	5	6	7	8	9	10

④ 당신은 사람들에게 얼마만큼 상처받았다고 느낍니까? (▼)

☐	☐	☐	☐	☐	☐	☐	☐	☐	☐	☐
0	1	2	3	4	5	6	7	8	9	10

⑤ 당신은 대인관계에 얼마나 만족하십니까?

☐	☐	☐	☐	☐	☐	☐	☐	☐	☐	☐
0	1	2	3	4	5	6	7	8	9	10

⑥ 당신은 사람들에게 무시당했다고 느낍니까? (▼)

□	□	□	□	□	□	□	□	□	□	□
0	1	2	3	4	5	6	7	8	9	10

- **계산법:** 응답 점수를 합산해 평균을 내세요. 0점 이상 4점 미만은 인간관계가 나쁜 것이고, 4점 이상 6점 미만은 좋지도 나쁘지도 않은 상태이며, 6점 이상 10점 이하는 인간관계가 좋은 것으로 해석할 수 있습니다.

- **(▼) 표시가 되어 있는 ②, ④, ⑥번은 역채점을 해야 합니다.** 0점은 10점으로, 1점은 9점, 2점은 8점, 3점은 7점, 4점은 6점, 5점은 5점, 6점은 4점, 7점은 3점, 8점은 2점, 9점은 1점, 10점은 0점으로 계산하면 됩니다.

인간관계가 좋다는 것은 단순히 많은 사람과 좋은 관계를 맺고 있거나 갈등이 없는 것만을 뜻하지 않습니다. 외로움을 느끼지 않고, 혼자 있을 때도 혼자라고 혹은 외톨이라고 느끼지 않는 상태까지 포함합니다. 무시당한다고 느끼지 않고, 상처받지 않는 것도 포함되고요. 나를 좋아하고 응원해 주는 사람들도 있지만, 이들에게 받는 것보다 더 큰 상처를 받거나 무시를 당하고 외로움을 느낀다면 관계에 대한 만족도가 낮아질 수밖에 없고, 불행하겠죠.

사회심리학자이자 도덕적 판단 연구의 권위자인 조너선 하이트는 자신의 책 《행복의 가설》에서 "행복은 사이에 있다"고 말했습니다. 저는 이 표현을 정말 좋아합니다. "행복은 인간관계에 달려 있어요"라는 표현보다 마음에 더 와닿거든요. 여러분도 저 말을 기억해 두면 좋겠습니다.

돈은 어떻게 써야
행복할까

돈은 어떤 식으로 써야 행복할까요?

캐나다 브리티시컬럼비아대학교의 사회심리학자 엘리자베스 던
과 하버드대학교 심리학자 길버트 다니엘은 이렇게 말합니다.

"돈이 당신을 불행하게 한다면, 당신이 그것을 올바른 방식으로 쓰지 않기
때문이다."

그렇다면 돈을 올바로 쓰는 방법은 무엇일까요?

경험을 사라

두 사람은 첫째, '상품이나 서비스를 사지 말고, 경험을 사라'고 조언합니다. 심리학에서는 이것을 '경험적 소비'라고 합니다. 반면 스마트폰, 컴퓨터, 옷, 신발 등의 물건을 사는 행위는 '물질적 소비' 혹은 '물질적 소유'라고 합니다.

심리학자들의 연구 결과 물질적 소비는 사람을 행복하게 하는 데 실패합니다. 잠깐만 생각해 봐도 무슨 말인지 끄덕여질 겁니다. 새 옷을 사면 어떤가요? 몇 번 입을 때는 행복하지만 그 옷은 곧 낡은 옷이 되어 버립니다. 오래 만족할 수가 없지요. 얼마 뒤에 신제품들이 쏟아지면 그 옷들을 또 사고 싶어지고요. 살아가는 데 필요한 것들은 당연히 사야죠. 하지만 필요 이상으로 많이 사지는 말라는 조언입니다. 많이 산다고 해서 우리가 행복해지는 것은 아니기 때문입니다. 적당한 선에 만족해야 한다는 것입니다. 많이 소유한다고 해서 행복해지지는 않으니까요.

하지만 경험을 '구매'하는 것은 다릅니다. 경험 구매란 여행을 가거나 공연을 보는 등 어떤 경험을 하기 위해 돈을 지불하는 것을 말합니다. 물질적인 것을 소유해 얻는 만족감보다 경험을 통해 얻는 만족감을 중시하는 소비 경향을 이르는 말이죠. 여행하는 데 돈을 쓰겠다고요? 좋은 생각입니다! 여행지에서 낯선 풍경을 보고, 낯선 음식을 먹고, 낯선 사람들과 대화만 해 봐도 가치 있는 경험을 하게 되고, 이 경험은 평생 남을 겁니다. 영국 칼디프대학교 심리학자 올라야 몰데스의 연구 결과에 따르면, 행복한 사람일수록 자기 계발에 돈을 쓰는 비중이 높다고 합니다.

시간을
구매하라

돈을 올바로 쓰는 두 번째 방법은 '시간을 구매하라'는 것입니다. '시간을 구매한다'는 건 무슨 의미일까요? '자기 일에 충분히 몰입할 수 있는 시간을 확보하라'는 뜻입니다. 시끄러운 곳이나 집에서 작업하기 어려운 작가나 화가라면 조용한 작업실을 구해야겠죠. 이것은 단순히 공간을 사는 것이 아닙니다. 공간을 사는 동시에 몰입할 수 있는 시간을 사는 행위입니다. 출퇴근 시간이 너무 걸려 회사 근처로 이사하는 분들이 있죠? 이런 분들도 시간을 구매한 경우에 해당하지요.

남을 위해
써라

돈을 올바로 쓰는 세 번째 방법은 '타인 혹은 공동체를 위해 소비하라'는 것입니다. 심리학에서는 이것을 '친사회적 소비' 혹은 '이타적 소비'라고 합니다. 환경단체·코끼리 같은 멸종 위기 동물 보호 단체·아동 인권 보호 단체·난민 지원 단체 등에 기부하는 것, 독거노인이나 희귀병으로 고통받는 사람들을 위해 기부하는 것 등은 모두 타인과 공동체를 위한 소비에 해당하죠. 이렇게 돈을 쓰면 행복합니다. 가족과 이웃·애인·친구 등에게 선물을 주거나, 맛있는 음식을 요리해 대접하는 것도 친사회적 소비입니다. 이런 소비를 하면 남도 나도 행복해지죠.

행복이란 것이 멀리 있지 않은 듯합니다. 타인을 기분 좋게 하면 나도 기분이 좋죠. 공동체를 기분 좋게 하면, 나도 행복합니다. 반려동물과 사는 분들은 너무 잘 아실 거예요. 반려동물에게 돈과 시간을 쓰는 게 아깝지 않잖아요. 강아지와 산책하면 강아지만 행복한가요? 자신도 행복해집니다. 그래서 반려동물을 위한 산책이 곧 보호자의 산책이 되죠.

이처럼 돈은 의미 있고, 가치 있게 쓰면 좋습니다. 그럼 행복해집니다.

건강은
행복과 관련 있을까

몸의 건강은 행복과 어떤 관련이 있을까요? 이 주제를 오래 연구한 사람이 있습니다. 바로 하버드 의대 정신의학자 조지 베일런트입니다. 그는 1938년부터 지금까지 〈하버드 성인 발달 연구〉를 진행하고 있습니다.

이 연구는 참가자들의 삶을 추적해 행복에 영향을 미치는 것들이 무엇인지 찾는 프로젝트입니다. 구체적으로 살펴보면, 하버드대학교 2학년생 268명과 보스턴의 최빈곤층 14세 소년 456명, 모두 합해 724명의 삶을 평생에 걸쳐 추적합니다. 조지 베일런트를 비롯한 연구자들은 2년마다 참가자들에게 설문 조사를 하고, 5년마다 의료 기록을 수집하고, 15년마다 대면 인터뷰를 진행합니다. 설문 조사나 인터뷰 내용은 가족, 직장, 정신·육체적 건강, 인생관, 정치, 종교 등에 관한 것으로 아주 광범위합니다. 연구 과정에서 세상을 떠난 이도 있는데 그 경우 배우자나 자식들이 뒤를 이어 참여하고 있습니다. 현재 1300여 명이 연구에 참여하고 있지요.

조지 베일런트는 이 연구 결과를 바탕으로 《행복의 조건》,《행복의 지도》,《성공적인 삶의 심리학》 등을 출간했습니다. 연구 내용을 살펴보면 20~30대까지 거의 매일 술을 마셨던 사람들은 40대에 급사할 확률이 높습니다. 급사는 '느닷없이 죽었다'는 뜻입니다. 하지만 엄밀히 따지면 느닷없이 죽은 건 아닙니다. 이전 젊은 시절에 건강 관리를 잘 못해 40대에 사망한 것이니까요. 50대 급사의 원인은 40대에 건강 관리를 잘 못해서고요.

이런 연구 결과에 이의를 제기할 분들도 있을 겁니다. 자신의 주변에는 술을 많이 마시고, 담배를 많이 피워도 건강한 사람이 많다고요. 이런 시각을 심리학에서는 '생존자 편향'이라고 합니다. 생존자 편향은 쉽게 말하면, 생존한 사람들만 눈에 보이기 때문에 생기는 치우친 생각을 말합니다. 그러니까 술을 많이 마시고 담배를 많이 피워 죽은 사람이 많은데도 그들이 눈에 보이지 않으니 없는 줄 착각한다는 것이죠.

〈하버드 성인 발달 연구〉는 몸이 건강해야 행복하다는 걸 증명하는 대표적인 연구입니다. 건강 관리가 얼마나 중요한지 알겠죠?

지금 나의
건강 상태는?

건강은 젊은 시절부터 관리하는 것이 좋습니다. 여기서는 이화여자 대학교 사회복지학과 양옥경, 김학령 교수가 개발한 건강법을 소개 할게요. 사회복지학 분야 최고 전문지인 《한국사회복지학》에 〈신체 건강 행동 측정을 위한 척도 개발 연구〉라는 논문으로 소개된 것입 니다. 이 건강 관리법은 40개의 질문으로 이루어져 있는데, 크게 '건 강 증진 요인'에 관한 질문과 '건강 저해 요인'에 관한 질문으로 나 뉩니다. 건강 증진 요인에 관한 질문부터 볼게요.

신체 건강 행동 측정을 위한 척도

| 건강 증진 요인 |

▶ 질병 관리

다음 질문을 읽고, 얼마나 동의하는지 1~5점 사이로 평가하세요.

1점: 전혀 아니다 2점: 아니다 3점: 보통이다 4점: 그렇다 5점: 매우 그렇다

① 감기 등 증상이 지속되거나 회복이 되지 않을 때 의료기관을 통해 치료를 받는다.

□	□	□	□	□
1	2	3	4	5

② 몸이 아프거나 이상이 생길 것 같은 느낌이 있을 때 적절한 조치를 취한다.

□	□	□	□	□
1	2	3	4	5

③ 의사나 약사로부터 처방을 받으면 지시를 정확히 따른다.

□	□	□	□	□
1	2	3	4	5

▶ 구강 관리

다음 질문을 읽고, 얼마나 동의하는지 1~5점 사이로 평가하세요.

1점: 전혀 아니다 2점: 아니다 3점: 보통이다 4점: 그렇다 5점: 매우 그렇다

④ 정기적으로 구강 검진을 받는다.

□	□	□	□	□
1	2	3	4	5

⑤ 정기적으로 스케일링, 불소처치 등의 예방적 처치를 받는다.
* 불소처치 : 치아 표면에 불소를 발라 충치를 예방하는 시술

☐   ☐   ☐   ☐   ☐
1   2   3   4   5

⑥ 입 안에 통증이나 시린 증상이 있을 경우 바로 치료를 받는다.

☐   ☐   ☐   ☐   ☐
1   2   3   4   5

▶ 신체 활동

다음 질문을 읽고, 얼마나 동의하는지 1~5점 사이로 평가하세요.
1점 : 전혀 아니다 2점 : 아니다 3점 : 보통이다 4점 : 그렇다 5점 : 매우 그렇다

⑦ 윗몸일으키기, 팔굽혀펴기, 아령 운동 등 근력 운동을 일주일에 3회 이상 한다.

☐   ☐   ☐   ☐   ☐
1   2   3   4   5

⑧ 달리기, 요가, 에어로빅, 배드민턴, 축구, 등산 등 유산소 운동을 일주일에 3회 이상 한다.

☐   ☐   ☐   ☐   ☐
1   2   3   4   5

⑨ 일상생활에서 틈틈이 맨손체조나 스트레칭을 한다.

☐   ☐   ☐   ☐   ☐
1   2   3   4   5

⑩ 매일 30분 이상 산책 등 걷기 운동을 한다.

☐   ☐   ☐   ☐   ☐
1   2   3   4   5

▶ 위생 관리

다음 질문을 읽고, 얼마나 동의하는지 1~5점 사이로 평가하세요.
1점: 전혀 아니다 2점: 아니다 3점: 보통이다 4점: 그렇다 5점: 매우 그렇다

⑪ 외출 후 귀가 시 반드시 비누(물비누)를 골고루 묻혀 손을 씻는다.

☐ ☐ ☐ ☐ ☐
1 2 3 4 5

⑫ 식사 전에는 반드시 비누(물비누)를 골고루 묻혀 손을 씻는다.

☐ ☐ ☐ ☐ ☐
1 2 3 4 5

⑬ 화장실을 이용한 후에는 반드시 비누(물비누)를 골고루 묻혀 손을 씻는다.

☐ ☐ ☐ ☐ ☐
1 2 3 4 5

⑭ 하루 3회 이상 이를 닦는다.

☐ ☐ ☐ ☐ ☐
1 2 3 4 5

▶ 건강한 음식 섭취

다음 질문을 읽고, 얼마나 동의하는지 1~5점 사이로 평가하세요.
1점: 전혀 아니다 2점: 아니다 3점: 보통이다 4점: 그렇다 5점: 매우 그렇다

⑮ 채소류, 해조류, 버섯 등으로 만든 반찬을 최소한 1가지 이상 매일 먹는다.

☐ ☐ ☐ ☐ ☐
1 2 3 4 5

⑯ 콩, 두부, 생선, 고기, 계란 등으로 만든 반찬을 최소한 1가지 이상 매일 먹는다.

□	□	□	□	□
1	2	3	4	5

⑰ 생과일이나 익히지 않은 채소를 매일 먹는다.

□	□	□	□	□
1	2	3	4	5

▶ 수면 관리

다음 질문을 읽고, 얼마나 동의하는지 1~5점 사이로 평가하세요.
1점 : 전혀 아니다 2점 : 아니다 3점 : 보통이다 4점 : 그렇다 5점 : 매우 그렇다

⑱ 일정한 시간에 잠들고, 일정한 시간에 깨어 일어난다.

□	□	□	□	□
1	2	3	4	5

⑲ 나는 잘 잤다는 느낌으로 매일 아침 일어난다.

□	□	□	□	□
1	2	3	4	5

▶ 식습관

다음 질문을 읽고, 얼마나 동의하는지 1~5점 사이로 평가하세요.
1점 : 전혀 아니다 2점 : 아니다 3점 : 보통이다 4점 : 그렇다 5점 : 매우 그렇다

⑳ 매일 일정한 시간에 세끼(아침, 점심, 저녁)를 먹는다.

□	□	□	□	□
1	2	3	4	5

㉑ 식사 시 적당량을 먹는다.

□	□	□	□	□
1	2	3	4	5

여기까지가 건강 증진 요인과 관련된 관리 질문입니다.

| 건강 저해 요인 |

지금부터는 건강 저해 요인과 관련된 관리 질문을 살펴볼게요. 주의할 점은 여기서부터는 점수가 높을수록 '전혀 아니다'이고, 점수가 낮을수록 '매우 그렇다'라는 것입니다. 즉 5점이 '매우 아니다'에 해당하고, 1점이 '매우 그렇다'에 해당합니다.

▶ 흡연
다음 질문을 읽고, 얼마나 동의하는지 1~5점 사이로 평가하세요.
* 주의 : 달라진 점수 해석에 주의하세요. 5점이 '전혀 아니다'입니다.
5점 : 전혀 아니다 4점 : 아니다 3점 : 보통이다 2점 : 그렇다 1점 : 매우 그렇다

㉒ 몸이 아파도 담배를 피운다.

□	□	□	□	□
1	2	3	4	5

㉓ 평소 담배를 많이 피운다.

□	□	□	□	□
1	2	3	4	5

▶ 건강을 해치는 음식 섭취
다음 질문을 읽고, 얼마나 동의하는지 1~5점 사이로 평가하세요.
5점 : 전혀 아니다 4점 : 아니다 3점 : 보통이다 2점 : 그렇다 1점 : 매우 그렇다

㉔ 튀김, 치킨, 삼겹살, 햄, 소시지 등 기름진 음식을 자주 먹는다.

☐	☐	☐	☐	☐
1	2	3	4	5

㉕ 라면, 햄버거, 떡볶이 등 인스턴트 음식이나 패스트푸드를 자주 먹는다.

☐	☐	☐	☐	☐
1	2	3	4	5

㉖ 간, 곱창, 순대, 오징어, 새우 등 콜레스테롤이 높은 음식을 자주 먹는다.

☐	☐	☐	☐	☐
1	2	3	4	5

㉗ 콜라, 사이다, 오렌지 주스 등의 음료수를 하루에 1번 이상 먹는다.

☐	☐	☐	☐	☐
1	2	3	4	5

㉘ 초콜릿, 아이스크림, 음료수, 과자 등을 먹는 등 군것질을 자주 한다.

☐	☐	☐	☐	☐
1	2	3	4	5

㉙ 평소에 음식을 짜게 먹는다.

☐	☐	☐	☐	☐
1	2	3	4	5

▶ 술

다음 질문을 읽고, 얼마나 동의하는지 1~5점 사이로 평가하세요.

5점 : 전혀 아니다 4점 : 아니다 3점 : 보통이다 2점 : 그렇다 1점 : 매우 그렇다

㉚ 평소 술을 자주 마신다.

☐	☐	☐	☐	☐
1	2	3	4	5

③① 한 번 술을 마실 때, 취할 때까지 마신다.

☐   ☐   ☐   ☐   ☐
1   2   3   4   5

③② 술을 마신 후 몸이 아파도 다시 술을 마신다.

☐   ☐   ☐   ☐   ☐
1   2   3   4   5

▶ IT 기기 사용

다음 질문을 읽고, 얼마나 동의하는지 1~5점 사이로 평가하세요.
5점: 전혀 아니다 4점: 아니다 3점: 보통이다 2점: 그렇다 1점: 매우 그렇다

③③ 눈, 손목, 어깨 등 신체에 통증이 느껴져도 스마트폰이나 컴퓨터를 계속 사용한다.

☐   ☐   ☐   ☐   ☐
1   2   3   4   5

③④ 어두운 곳에서 스마트폰이나 태블릿 PC 등을 1시간 이상 본다.

☐   ☐   ☐   ☐   ☐
1   2   3   4   5

③⑤ 스마트폰, 컴퓨터나 태블릿 PC 등을 볼 때 눈에 가까이 대고 본다.

☐   ☐   ☐   ☐   ☐
1   2   3   4   5

③⑥ 스마트폰, 컴퓨터나 태블릿 PC 등의 전자 기기를 종일 사용한다.

☐   ☐   ☐   ☐   ☐
1   2   3   4   5

㊲ 스마트폰, 컴퓨터나 태블릿 PC 등을 볼 때 큰 소리로 듣는다.

☐	☐	☐	☐	☐
1	2	3	4	5

㊳ 스마트폰, 컴퓨터나 태블릿 PC를 사용할 때 구부정하게 앉아 있거나 다리를 꼬고 앉는 경우가 많다.

☐	☐	☐	☐	☐
1	2	3	4	5

▶ 건강에 해로운 식습관

다음 질문을 읽고, 얼마나 동의하는지 1~5점 사이로 평가하세요.
5점 : 전혀 아니다 4점 : 아니다 3점 : 보통이다 2점 : 그렇다 1점 : 매우 그렇다

㊴ 평소에 과식을 하는 편이다.

☐	☐	☐	☐	☐
1	2	3	4	5

㊵ 밤에 자기 전에 야식을 먹는 편이다.

☐	☐	☐	☐	☐
1	2	3	4	5

이제 40가지 질문에 대한 응답을 합산한 후 평균을 내 보세요. 4점 이상이 나오면 건강 관리를 잘하고 있는 겁니다. 4점 이하로 나왔다면, 비교적 쉽게 실천할 수 있는 것들부터 시작해 보세요. 매일 질문을 읽어 보고 몇 가지라도 꾸준히 실천해 보세요. 저도 팔굽혀 펴기하러 가야겠습니다.

'노력'은 행복과
어떤 관련이 있을까

요즘은 '노력'이란 말에 진저리를 치는 분이 꽤 많죠. 스탠퍼드대학교 심리학자 캐롤 드웩은 노력을 낮게 보고 자신의 지능, 재능, 능력 등이 태어날 때부터 고정되어 있으니 노력해도 크게 변하지 않는다고 믿는 사고방식을 '고정 마인드셋'이라고 합니다. 타고난 것 이상으로 발전할 가능성이 없으니 노력할 필요가 없다는 자세죠.

과연 그럴까요? 아닙니다. 노력하는 방법을 제대로 안다면, 노력을 통해 재능을 발전시켜 나갈 수 있어요. 단순히 반복하고 외우려고 하면서 시간을 낭비하지만 않는다면, 노력을 통해 지능과 재능은 무궁무진하게 발전할 수 있습니다.

고정 마인드셋

고정 마인드셋을 가진 사람들은 어려운 일에 도전하지 않습니다. 재능이 없는 일에 노력해 본들 소용이 없다고 여기거든요. 당연히 발전이 없겠죠. 발전이 없는 자기 모습을 보면서 또 이렇게 생각합니다. "거봐, 노력해 봐야 소용없다니까"라고요.

고정 마인드셋을 가진 사람들은 뭔가를 좀 잘하는 사람들을 보면, 재능을 타고났다며 부러워하거나 질투합니다. 그 사람들이 그 경지에 오르기 위해 얼마나 노력했는지에는 관심이 없죠. 세계적인 축구 선수 메시는 매일 6시간씩 연습합니다. NBA 농구에서 최고의 3점 슈터로 등극한 스테픈 커리는 하루에 8시간씩 연습에 매진합니다. 이 사람들이 타고났다면, 뭣 하러 이렇게 연습하겠습니까! 살아가면서 한 번에 되는 일이 몇 가지나 있을까요? 꽃길만 펼쳐진 인생이 얼마나 될까요? 포기하지 않고 이렇게도 해 보고, 저렇게도 노력하며 살아가는 것이 인생입니다.

성장 마인드셋

고정 마인드셋이라는 독에서 벗어나게 해 줄 해독제가 있습니다. 바로 '성장 마인드셋'입니다. 이 역시 캐롤 드웩 교수가 만든 개념입니다. 성장 마인드셋은 타고난 능력이나 지능은 고정된 것이 아니라, 노력과 학습을 통해 얼마든지 발전하고 향상될 수 있다는 믿음을 가진 사고방식입니다. 재능을 타고났다는 것은 과학적으로 증명할 수 없을 뿐 아니라 백번 양보해서 설령 재능을 타고났더라도 노력하면 재능을 타고난 사람을 따라잡거나 뛰어넘을 수 있다는 마음가짐이죠. 이 마음가짐이야말로 과학이 증명해 주고요. 연습에 매진하면 실력이 늘고 성장하는 게 분명히 보이니까요. 계속 요리하다 보면 실력이 늡니다. 작사, 작곡 실력도 마찬가지고요.

성장 마인드셋을 가진 사람은 제대로 노력하는 방법을 찾아내 꾸준히 노력하죠. 노력의 힘을 알기 때문입니다. 또한 어려운 일이 있어도 포기하지 않습니다. 어려운 일이 되레 자신을 더 발전시킬 기회라고 여기기 때문이죠. 그렇기 때문에 성장 마인드셋을 가진 사람에게는 '실패'가 없습니다. 실패조차 배울 기회가 되기 때문입니다. 마침내 이들은 무언가를 이루어 냅니다.

노력하는 모두가 '천재'

캐롤 드웩은 성장 마인드셋을 가진 사람과 고정 마인드셋을 가진 사람을 다양한 측면에서 비교했습니다. 성장 마인드셋을 가진 사람의 소득이 고정 마인드셋보다 높았습니다. 심지어 10대 시절에는 고정 마인드셋을 가진 사람의 지능이 더 높았는데도 말이죠. 고정 마인드셋을 가진 사람은 툭하면 좌절하고, 실패나 실수에서 큰 상처를 입고 일어서지 못했습니다. 반면 성장 마인드셋을 가진 사람들은 회복탄력성이 높았습니다. 고정 마인드셋을 가진 사람들은 자신보다 잘난 사람들을 질투하면서 스트레스를 받는 반면, 성장 마인드셋을 가진 사람들은 오히려 그들을 존경하고 롤모델로 삼아 스트레스를 덜 받았습니다.

여러 연구 결과, 성장 마인드셋을 가진 사람이 고정 마인드셋을 가진 사람보다 행복하다는 사실을 알 수 있었습니다. 성장 마인드셋을 가진 사람들이 더 만족하며 살았고, 자신의 삶을 더 의미 있고 가치 있게 평가했습니다. 심지어 성장 마인드셋을 가진 사람이 인간관계도 더 좋고, 가족들과도 화목하게 살았습니다. 고정 마인드셋을 가진 사람들은 부모를 곧잘 원망했습니다. 왜 재능을 물려주지 못했느냐는 겁니다. 또 주변 사람들을 질투하니 인간관계도 매끄럽지 않았습니다.

잊지 마세요. 노력은 우리를 성장시키고, 발전시킵니다. 펜실베이니아대학교 심리학자 안젤라 더크워스는 목표를 이루기 위해 끊임없이 노력하는 능력을 그릿Grit이라고 했지요. 노력해 성장해 가는 모두가 천재라고 박수를 보내면서요. 저도 그렇게 생각합니다.

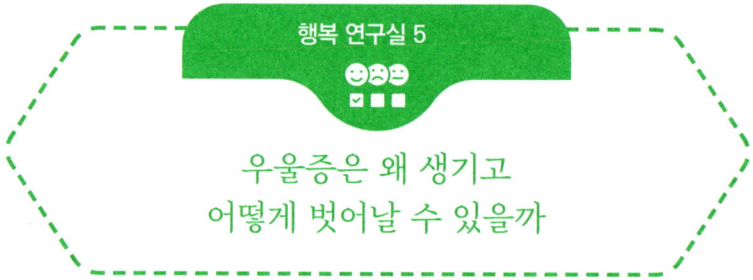

우울증은 왜 생기고
어떻게 벗어날 수 있을까

펜실베이니아대학교 심리학자 마틴 셀리그먼은 어느 날, 왜 이렇게 우울증 환자가 늘어나는지 궁금했습니다. 그리고 원인을 찾아보기로 마음먹죠.

일단 개를 대상으로 실험을 했습니다. 실험에는 투명한 박스 2개가 쓰였습니다. 셀리그먼은 박스 바닥에 전기 널빤지를 깔아 언제든지 전기 충격을 가할 수 있게 했죠. 두 박스의 다른 점은 하나의 천장에만 전기 충격을 멈출 수 있는 레버를 달아 놓았다는 것입니다.

셀리그먼은 비슷한 개 두 마리를 구해 각 박스에 넣었습니다. 그리고 두 박스에 동일한 시간과 강도로 전기 충격을 가했습니다. 시간 간격은 정해 놓지 않았습니다. 전기 충격은 레버가 달린 박스에 있는 개가 레버를 치면 동시에 멈추게 돼 있었습니다.

지금부터는 전기 충격을 멈추는 레버가 달린 박스를 '통제감 박스'라 하고, 레버가 없는 박스를 '무기력 박스'라고 하겠습니다.

통제감 박스　　　　　　　　　　**무기력 박스**

　셀리그먼은 통제감 박스의 개가 레버를 치면 전기 충격을 멈추기를 반복했습니다. 어느 정도 반복하자 개들의 태도가 달라지기 시작했습니다. 통제감 박스의 개는 박스 안에서 계속 활발하게 움직이고, 전기 충격을 두려워하지 않는 듯했습니다. 반면 무기력 박스의 개는 어느 순간부터 박스 구석에 쭈그려 앉아서는 아무것도 하지 않았습니다. 두려워하는 표정이 역력했고요. 이 개는 전기 충격이 가해지면 낑낑거릴 뿐 전혀 움직일 생각을 하지 않았습니다.

　셀리그먼은 다른 2개의 박스로 개들을 옮깁니다. 이번 박스에는 개들이 마음만 먹으면 얼마든지 뛰어넘을 수 있는 허들을 가운데에 설치했습니다. 허들을 중심으로 한쪽엔 전기 충격이 오고 한쪽엔 오지 않는 구조였죠. 전기 충격이 올 때 허들을 넘어 반대편으로 이동하면 안전한 겁니다.

　개들의 움직임을 확인한 셀리그먼은 큰 충격을 받습니다. 이전에 통제감 박스에 있던 개는 전기 충격을 가하자 허들을 뛰어넘어 재

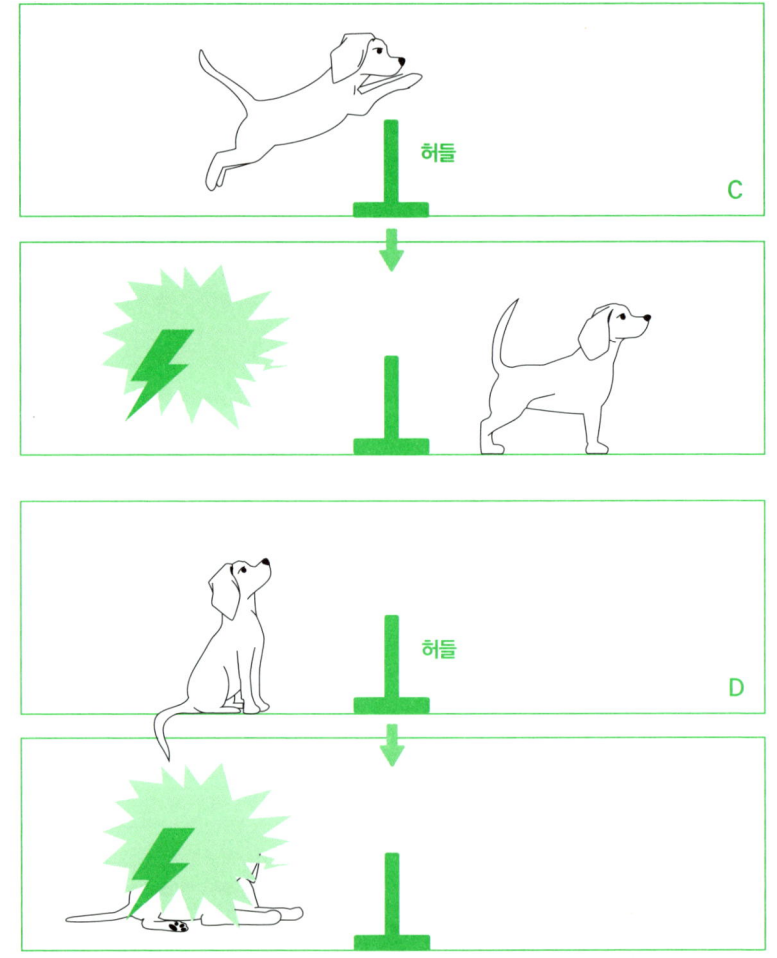

빠르게 반대편으로 이동한 반면, 무기력 박스에 있던 개는 낑낑거리며 쭈그려 앉아 전기 충격을 고스란히 받고 있었기 때문입니다. 몇 번을 해도 결과는 같았습니다. 무기력 박스에 있던 개는 우울증 환자처럼 자신은 아무것도 할 수 없다는 듯 그대로 앉아 있었습니다.

셀리그먼은 확신했습니다. 우울증 원인이 무력감을 거듭 경험한 것에 있다는 것을요. 그리고 이런 현상을 '학습된 무기력'이라고 표현합니다. 이후 셀리그먼은 사람을 대상으로도 다양한 연구를 진행했고, 학습된 무기력이 우울증의 결정적인 원인임을 증명합니다. 사람도, 개도, 코끼리도 반복해서 무력감을 경험하면 자신은 아무것도 할 수 없다는 생각에 이르고, 우울증이 깊어지면 자살에 이른다는 사실까지 밝혀내죠.

통제된 박스가 알려 준 행복

우울증 원인을 알았으니, 이제 해결책을 찾아야 할 텐데, 어떻게 찾을 수 있을까요? 셀리그먼은 고민에 빠집니다. 그러던 어느 날 문득 개를 대상으로 했던 실험 장면이 머릿속을 스쳤습니다. 그동안 셀리그먼은 무기력 박스만 생각하고 있었습니다. 통제감 박스는 까맣게 잊고 있었죠. 무기력 박스가 우울증의 원인을 밝혀냈으니, 통제감 박스는 행복의 원인이자 우울증의 진정한 예방책이 될 수 있지 않을까 하고 뒤늦게 깨달은 겁니다.

통제감 박스의 개는 전기 충격에도 우울해하지 않았잖아요. 계속 쾌활하고 자신만만했습니다. 허들을 넘어간 다음에도 그랬죠. 셀리그먼은 이거다 싶었습니다. 학습된 무기력이 우울증을 유발한다면, 학습된 통제감은 행복하게 할 수 있다고 확신한 겁니다.

이후 셀리그먼은 행복 연구자로 변신합니다. 그리고 사람들에게 통제 '레버'를 알려 줍니다. 통제감 박스에 전기 충격을 멈출 수 있는 레버가 있었듯이, 살아가면서 직면하는 어려움과 고난, 고통을 스스로 통제하고 극복할 수 있는 힘을 길러 주는 것이 진정한 우울증 치료법이자, 행복한 뇌를 만드는 길임을 널리 알립니다.

이때 통제 레버는 어떻게 만들어질까요? 셀리그먼은 팔을 다친 야구 선수가 재활을 위해 매일 조금씩 운동하듯이 매일 무언가를 조금씩 실천해 가다 보면 통제 레버가 생긴다고 조언합니다. 매일 작은 목표를 세우고, 그 작은 목표를 달성하고, 다음 날 또 작은 목표를 세우고 달성하면서 매일 작은 성취감을 경험하라는 것이죠. ☺

3

좀 더 행복해지려면

좀 더 행복해질
방법이 있을까

인간은 보통 '정서 기반 추론' 혹은 '상태 기반 추론'이라는 것을 합니다. 쉽게 말해 기분이 좋을 때는 그 기분에 근거해서 세상 모든 것을 좋게 보고, 어디에서나 행복을 쉽게 발견합니다. 반면 기분이 나쁠 때는 그 기분에 근거해서 세상 모든 것을 나쁘게 보고, 어디에서나 불행을 쉽게 발견하죠.

행복할 때는 행복을 찾지 않습니다. 불행할 때 찾죠. 불행에서 행복으로 전환하려면 어떻게 하는 것이 좋을까요?

의미를 찾아라!

일단 행복을 찾아야 한다는 강박관념을 버리세요. 특히 불행할 때,

행복을 찾아 나서지 마세요. 헛된 시도이니 중단해야 합니다. 그리고 행복 개념을 다시 새기세요. 행복은 찾는 것이 아니라 '만들어 가는 것'이라고요. 행복은 발견하는 것이 아니라 '발전'시키는 것이라고 말입니다.

행복한 사람들은 행복을 찾으려고 더 많이 노력하거나, 행복을 잘 찾는 능력을 타고난 것이 아닙니다. 불행한 마음, 우울한 마음, 화난 마음이 있을 때, 재빨리 행복을 보여 주는 안경을 쓰는 연습을 했고, 그 결과 행복해진 것이죠. 이런 연습을 '관점 전환 연습'이라고 합니다.

어려운 일이 생기면 짜증이 나죠. 마음먹은 대로 일이 풀리지 않으면 화가 납니다. 기대한 만큼 일이 흘러가지 않을 때 예민해집니다. 바로 이 순간, 관점 전환이 필요합니다. 짜증이 난 상태로, 화가 난 상태로 끝나면 안 됩니다. 불안한 것으로, 우울한 것으로 끝나서도 안 됩니다. '그럼에도 불구하고' 이런 '어렵고 힘든 일에서 얻은 것이 있었다'로 이야기가 끝나는 것이 좋습니다. 이런 태도를 '의미 찾기'라고 하는데, 관점을 바꾸는 대표적인 방법이죠.

지금 힘든 일을 겪고 있나요? 분명 그 일로 무언가를 배우게 될 겁니다. 기대에 어긋나는 일이 생겼나요? 분명 이 일로 성장하게 될 겁니다. 마음먹은 대로 안 되고, 계획대로 안 되었나요? 분명 이 일들로 새롭게 깨닫는 것이 있을 거예요. 이처럼 기분을 나쁘게 하는 일들에서 의미를 찾고, 가치를 찾고, 배울 점을 찾아보세요.

'의미 일기' 쓰기

의미 찾기를 잘하려면, '의미 일기'를 써 보세요. 상처받은 일, 짜증나는 일, 스트레스받는 일 등을 적어 가면서 의미를 찾아보는 겁니다. 우리는 어떤 일에서든 의미를 찾을 수 있습니다. 행복은 찾으려해도 찾을 수 없지만, 의미는 잘 찾아내는 것이 우리 인간입니다. 이의미를 행복의 동력으로 삼으세요.

오스트리아 심리학자 빅터 프랭클은 의미를 찾아 마음을 치유해가는 과정을 '의미 치료'라고 했습니다. 프랭클은 나치 강제 수용소에서 아내를 비롯한 거의 모든 가족을 잃고 살아남은 홀로코스트 생존자입니다. 이때의 경험을 《죽음의 수용소에서》라는 책으로 펴내 전 세계에 큰 울림을 주었죠. 매일 사람들이 죽어 나가는 죽음의 수용소에서 프랭클을 지탱해 준 힘은 무엇이었을까요? '의미'였습니다. 그는 오늘도 눈을 떴다는 것에 의미를 두었고, 오늘도 숨을 쉴 수 있다는 것에서 의미를 찾았습니다. 고통은 자신을 더 강하게 만들 뿐이라고 생각했고요. 프랭클은 매 순간 의미를 발견하면서 힘든 시간을 버텨 냈습니다. 관점을 전환한 거지요.

감정 어휘를
늘려라!

불행에서 행복으로 전환하는 데 도움이 되는 두 번째 방법은 감정을 풍부하게 표현하는 연습을 해 보는 것입니다. 특히 행복한 감정을 다양하게 표현해 보려고 노력해 보세요. 행복을 만들어 가려면 행복에 대해 알아야 합니다. 행복을 자주 창조해 내고 싶다면, 행복에 대한 말을 풍부하게 알고 있는 것이 좋겠죠.

호주 울런공대학교의 심리학자 조셉 키아로치와 동료 연구자들은 이런 연구 결과를 발표했습니다. 정서에 관한 어휘를 다양하게 구사할수록 스트레스를 덜 받고, 무력감도 덜 느끼며, 자살 충동도 줄어든다는 것입니다. 즉 행복에 관한 표현을 다양하게 구사하면서 행복을 인식하는 연습이 우울증을 예방하는 데 도움이 된다는 것이죠.

미국 캘리포니아대학교(로스앤젤레스) 심리학자 제레드 토르와 매튜 리버먼도 비슷한 연구 결과를 내놓았습니다. 정서에 다양한 이름을 붙이는 활동이 감정 조절 능력을 향상시키고, 평정심을 유지하는 데 도움을 준다고 말이지요.

노스웨스턴대학교 신경과학자 리사 배럿은 자신의 책 《감정은 어떻게 만들어지는가》에서 감정에 관한 어휘가 풍부한 사람일수록 집중력과 자기 통제력이 높고, 학교 성적이 좋았으며, 생산성도 높았다고 밝혔습니다. 또한 이런 사람들은 자기 관리를 잘해 비만율이 낮고, 당뇨병을 비롯한 성인병에 걸린 확률도 낮았다고 합니다. 스트레스를 덜 받아 뇌질환, 심장질환에 걸려 사망할 확률도 낮았다고 하네요.

행복을 멀리서 찾지 마세요. 그리고 자꾸 외부에서 찾지 마세요. 행복은 내 시각을 바꾸는 것에서 시작되니까요. 행복에 관한 어휘를 많이 알고, 행복을 다양하게 표현하게 되면, 이미 내 주변에 있던 다양한 행복이 눈에 들어오고, 또한 행복을 만들어 낼 수 있을 겁니다. 행복은 아는 만큼 보이고, 아는 만큼 느낄 수 있고, 아는 만큼 만들 수 있으니까요.

고통을 멀리하면
행복해질까

사람들은 보통 슬픔을 겪고 싶어 하지 않습니다. 신이 인간을 창조했다면, 왜 선한 신이 인간에게 슬픔을 준 것이냐며 따져 묻기도 합니다. 진화는 생존에 유리한 것은 남기고 불리한 것은 버리는 것인데, 왜 생존에 불리한 슬픔의 감각을 남겼느냐 진지하게 묻기도 하고요.

슬픔은 정말 멀리해야만 하는 나쁜 것일까요? 아닙니다. 인간은 슬픔을 느껴야 합니다. 그래야 자신을 슬프게 하는 일을 하지 않을 수 있거든요. 그러므로 슬픔을 비롯해 불안, 공포 같은 부정 정서를 쫓아내려고만 하지 마세요. 피할 수 없는 것들이고, 피해서도 안 됩니다. 부정 정서를 느끼는 것은 문제가 아닙니다. 뭔가 일이 잘못되어 가고 있는데, 아무런 낌새를 맡지 못하는 것이 더 문제죠. 이제,

부정 정서에 대한 관점을 바꾸세요. 부정 정서는 필요하다는 시각
으로요.

부정 정서의
좋은 점

부정 정서는 심리학 개념인데요, 슬픔·분노·경멸·혐오·죄책감·두려움·긴장·불안·좌절 등의 부정적인 감정을 경험하고 표현하는 것을 말합니다. 이런 부정적인 감정들은 우리를 괴롭히고 불편하게 하지만, 때로는 위험으로부터 보호하거나 문제 해결에 필요한 정보를 제공하는 등 긍정적인 역할도 합니다. 부정 정서가 인간에게 필요한 이유죠. 부정 정서가 왜 필요한지 더 자세히 살펴볼게요.

첫째, 부정 정서는 고통이나 아픔을 바로 피하거나, 고통(아픔)을 예측해 대응할 수 있게 해 줍니다. 일례로 고통은 날카로운 것, 뜨거운 것, 차가운 것 등을 즉시 피하게 도와주죠. 뾰족한 모서리를 보면 저기에 부딪히면 아프겠구나 싶어 피하게 되고, 높은 곳에 있을 때는 떨어지면 다치거나 죽는다는 것을 예측해 조심하게 됩니다. 상한 음식에서 불쾌감을 느껴 먹지 않게 되고요.

둘째, 부정 정서는 더 조심하게 하고, 주의력을 키워 줍니다. 예를 들어 눈이 많이 내린 날 내리막길을 걸을 때 조심조심 집중해 걷게 하죠. 스마트폰을 떨어뜨리거나, 컵을 깨뜨리거나, 커피를 쏟으면

이후에는 그러지 않으려고 조심하죠. 물론 이런 일들을 겪고도 조심하지 않고 주의도 기울이지 않는다면, 똑같은 경험을 되풀이하겠죠.

셋째, 부정 정서는 근본적으로 해결해야 할 것이 있고, 더 철저히 연습해야 한다고 말해 줍니다. 예를 들어 미래를 걱정한다는 것은 미래를 위한 준비가 부족하다는 메시지입니다. 내일 할 일을 생각할 때 긴장되고 불안하다면, 준비를 덜했다는 의미죠. 그래서 실제로 많은 사람이 불안할 때 더 공부하고, 연습하고, 훈련합니다.

가끔 이런 질문을 하는 분들이 있습니다. 아무리 생각해도 원인을 알 수 없는 불안은 어떻게 줄일 수 있느냐고요. 짧게 답변을 드리면, 불안을 불러일으키는 습관이 있는지 살펴보고 그런 습관이 있다면 제거하라고 말씀드리고 싶습니다. 일례로 텔레비전을 켜 놓은 채 핸드폰으로 유튜브를 보는 분이 많습니다. 우리 뇌는 하나에 집중하는 것을 평화로운 상태로 해석하기 때문에, 한번에 여러 일을 하면 불안해합니다. 텔레비전을 보든지 핸드폰을 보든지 하나에 집중하는 습관으로 바꾼다면 불안감도 줄어들지 않을까요.

넷째, 부정 정서는 휴식과 변화가 필요하다고 알려 줍니다. 사랑하는 사람과 이별했거나 반려동물이 무지개다리를 건넜을 때 슬프고 침울해집니다. 진행하던 일이 중단되었거나 사업에서 큰 손해를 입었을 때 크게 좌절하고 낙담합니다. 우울감과 슬픔, 의기소침함, 낙담, 좌절감 등에 빠져들 때 필요한 것 중 하나가 바로 휴식과 변화죠.

다섯째, 부정 정서는 작은 고생을 미리 받아들이게 합니다. 큰 고통을 마주하기 전에 작은 고통을 미리 겪게 하는 것이죠. 예를 들어 독감을 심하게 앓았다면 이후부터는 예방주사를 꼭 맞아야겠다고 다짐하죠. 여기서 예방주사가 작은 고통을 미리 겪는 것을 뜻합니다. 나중에 크게 한 방 얻어맞고 쓰러지는 일이 없게 하려고 그러는 것이죠.

부정 정서는 우리를 지혜롭게 한다는 사실, 기억해 두세요.

왜 행복을
공부해야 할까

우리 뇌는 태어나는 순간부터 '부정 회로'가 작동합니다. 그래서 온 갖 나쁜 일을 감지하고 파악하는 것에 능하죠. 부정 정서도 재빠르 게 느끼고, 부정 정서를 느끼게 할 만한 일을 예측하는 것도 빠릅니 다. 어떤 일의 진행 과정을 지켜볼 때 좋은 생각보다 좋지 않게 흘러 갈 가능성을 더 쉽게 상상하는 이유입니다.

부정 회로와 부정 편향

부정 회로란 무엇일까요? 심리학에서 말하는 '부정 회로'는 부정적 인 생각이나 감정에 반복적으로 빠져들어 헤어 나오기 어려운 상태 를 말합니다. 주로 '부정 편향'의 영향을 받아 나타납니다. 부정 편 향은 긍정적인 사건보다 부정적인 사건에 더 큰 의미를 부여하고, 나쁜 경험을 더 오래 기억하는 경향을 말하는데요, 이런 부정 편향이 반복되면서 부정적인 감정 회로가 강화됩니다. 급기야 자신을 비하하거나 혐오하는 악순환에 빠지죠.

물론 부정 편향은 인류의 생존에 유익한 것이었습니다. 온갖 나쁜 일에 민감하게 반응하면서 대응했기에 인류가 생존할 수 있었으니까요. 부정 회로와 부정 편향 덕분에 사람들은 나쁜 일을 절대 그냥 흘려버리지 않게 되었죠. 나쁜 일을 당연시하는 사람은 없습니다. 크든 작든 사고가 나면 반드시 원인을 조사해 다시는 그런 일이 생기지 않게 조치하는 것처럼, 나쁜 일은 확실히 짚고 넘어갑니다. 그럴수록 사고 날 일이 줄어들고, 사고가 나더라도 크게 다치지 않을 수 있을 테니까요.

하지만 부정 회로와 부정 편향이 인간에게 아무리 유리하게 작용하더라도 이런 것만 갖고는 살아갈 수 없습니다. 행복하지 않기 때문입니다. 부정적인 일에 대응하는 수준을 넘어 행복한 삶을 위해서는 다른 요소들이 필요합니다. 쉽게 말해 긍정적인 일들이 추가되어야 건강하고 행복하게 살 수 있지요. 사실 나쁜 일을 어떻게 막을지는 신경 쓰지 않아도 괜찮을 때가 많습니다. 좋은 일을 만들어 내다 보면 나쁜 일은 자연스럽게 예방되니까요.

긍정 회로를 만들자!

어쩌면 지금 우리에게 필요한 것은 부정 편향을 만들어 내는 부정 회로가 아니라, 긍정 편향을 만들어 내는 '긍정 회로'일지 모르겠습니다. 긍정 회로도 우리 뇌에 있을까요? 마음 같아서는 있다고 말씀드리고 싶지만, 아쉽게도 없습니다. 그래서 사실 행복하게 살기가 어려운 겁니다. 좋은 일을 만들어 내는 건 뭔가를 '창조'해 내는 일이나 다름없으니까요.

후천적으로 긍정 회로를 만들 수는 있습니다. 이를테면 이런 습관을 탑재할 수 있겠죠. 앞서 말한, 작은 불편을 미리 달게 받아들이는 태도 같은 것 말입니다. 심리학에 '좋은 습관 형성', '건강한 습관 형성'이라는 말이 있는데, 긍정적이고 유익한 행동을 반복해 몸과 마음에 좋은 영향을 주는 행동 패턴을 만드는 것을 말합니다. 규칙적으로 운동을 하는 등 일상생활에서 꾸준히 무언가를 실천하는 것을 이르죠. 이런 습관들이 긍정 회로를 만들어 갑니다.

하지만 건강한 습관을 만드는 것이 어디 말처럼 쉽나요. 최소 6개월에서 1년 이상은 좋은 습관이 몸에 배도록 노력해야 합니다. 운동선수들이 매일 연습하는 이유가 뇌에 연습한 기술이나 움직임을 완전히 새기기 위해서라고 합니다. 하루 이틀 운동해서는 그렇게 되지 않습니다. 3개월 이상 연습해야 어느 정도 뇌에 새겨지고, 6개월 이상 연습해야 실수가 줄어들고, 2년 이상 연습해야 완전히 새겨진다고 하네요. 뇌세포가 발전하고, 뇌세포 간의 연결이 충분히 이루어지는 데 이렇게 오랜 시간이 걸립니다.

우리 뇌에 긍정 회로를 정착시키는 것도 마찬가지입니다. 고작 일주일 정도 해 보고 포기해서는 안 됩니다. 한 달 만에 포기해서도 안 되고요. 6개월 정도 지나야 좀 할 만할 겁니다. 1년 넘어서야 몸에 정착되기 시작했음을 알겠죠.

행복은 배우고 노력해야 얻을 수 있습니다. 우리 뇌에 없는 시스템을 만들어야 하는 작업이기 때문이죠. 뇌에 긍정 회로가 새겨지게 지금부터 노력해 보면 어떨까요. ☺

낙관적인 태도는
어떻게 만들어질까

살아가다 보면 이런저런 문제가 생깁니다. 이때 문제를 대하는 자세는 사람마다 다르죠. 크게 두 부류로 나눌 수 있을 듯합니다. 한 부류는 짜증 내고, 화를 내고, 절망합니다. 언제까지 이리 살아야 하냐며 땅을 칩니다. 이런 반응을 심리학에서는 '비관성'이라고 합니다.

전혀 다르게 반응하는 사람들도 있습니다. 어려운 상황임에도 자신이 통제할 수 있는 범위에서 방법을 찾고, 희망을 놓지 않습니다. 한숨을 쉬거나, 원망을 늘어놓거나, 짜증을 내는 대신 더 나은 조건과 환경을 만들면서 미소를 잃지 않는 쪽을 선택합니다. 이런 반응을 '낙관성'이라고 합니다.

낙관과 비관의
차이

낙관성과 비관성이 무엇인지부터 살펴볼게요. 긍정심리학의 대가 마틴 셀리그먼은 자신의 책 《낙관성 학습》에서 두 개념을 이렇게 정의합니다.

> "낙관성이란 어렵고 힘든 일이나 상황은 일시적이고, 제한적일 뿐이며, 언제나 내가 할 수 있는 일과 희망이 있다고 믿고 행동하는 태도를 말한다. (…) 비관성이란, 어렵고 힘든 일이나 상황은 지속적이고, 만연해 있어, 내가 할 수 있는 일이 없고, 오직 절망뿐이라고 믿고 행동하는 태도를 말한다."

셀리그먼에 따르면, 낙관적인 사람들과 비관적인 사람들은 언어 사용에서 큰 차이가 난다고 합니다. 예를 들어 중간고사 시험을 망친 두 학생이 있습니다. 한 명은 비관적인 성격이고, 다른 하나는 낙관적입니다. 비관적인 학생은 이렇게 말합니다. "망했어, 나는 만날 이 모양이야, 나는 항상 되는 일이 없어, 노력해 봐야 소용없다니까!" 그러곤 자학하는 말들을 이어 갑니다. "나는 바보야, 멍청이야, 나 같은 건 죽어야 돼! 나는 쓸모없는 인간이야, 더는 내가 할 수 있는 게 없어, 난 뭘 해도 안 돼!"

비관적인 사람들은 나쁜 일을 지나치게 부풀려 받아들입니다. 중

간고사 한 번 망쳤다고 해서 인생이 끝나는 것도 아닌데, 거의 그 수준으로 말합니다. 자신에게 온갖 나쁜 부정적인 꼬리표를 붙이고, 절망의 굴로 들어가죠. 살다 보면 스트레스를 받고 힘든 일이 있게 마련인데, 비관적인 사람들은 매번 이런 상황을 견디지 못합니다.

낙관적인 사람은 어떨까요? 이렇게 말하지 않을까요.

"솔직히 이번에는 내가 공부를 좀 안 했지. 다음엔 열심히 준비해야지. 성적 꼭 올릴 거야!"

이처럼 낙관적인 사람은 하나의 일을 마치 큰 재앙처럼 받아들이지 않습니다. 지나치게 일반화하지도 않죠. 나쁜 일은 일시적이지, 늘 일어나는 일이 아니라고 생각하기 때문입니다. 그래서 낙관적인 사람은 이렇게 다짐합니다.

"나는 할 수 있어. 포기하지 말자. 내 미래는 내가 하기에 달렸어. 얼마든지 좋아질 수 있어!"

낙관적인 사람들은 희망을 잃지 않고, 희망이 현실이 되게 노력합니다. 여기서 낙관적이라는 것은 나쁜 일을 무조건 좋게 생각한다는 뜻이 아닙니다. 객관적으로 나쁜 상황을 수용하는 것이 낙관성

144

이에요. 낙관성은 나쁜 상황을 받아들이는 것에서 시작됩니다. 그런 후 자신이 할 수 있는 일, 개선할 일, 통제하고 관리할 수 있는 일을 하면서 나쁜 상황을 좋은 방향으로 바꾸려고 노력하지요. 나쁜 일은 일시적이니 얼마든지 좋은 상황을 만들 수 있다는 희망을 품고 실천하는 것이 낙관성입니다.

낙관자가 되기 위한
연습

낙관적인 태도는 삶에 당연히 긍정적인 영향을 끼칩니다. 셀리그먼에 따르면, 우선 낙관적인 사람들은 주변 사람들에게 좋은 평가를 받습니다. 같이 일하고 싶은 사람으로 뽑힙니다. 또 낙관적인 사람들은 무슨 일을 하든 해낼 가능성이 더 높고, 그로 인해 소득도 더 높습니다. 낙관적인 사람이 운도 더 따르고 몸도 더 건강합니다. 스트레스를 덜 받고 잠도 잘 자서 면역력이 강하기 때문이죠.

그럼 어떻게 해야 낙관적인 사람이 될 수 있을까요? 오늘 일이 뜻대로 되지 않았거나, 인간관계에서 상처를 받았거나, 어떤 일의 결과가 좋지 않아 기분이 상했다면, 그 일들을 떠올리면서 이렇게 말해 보세요.

"오늘은 일이 좀 안 풀렸네. 내일은 괜찮을 거야."

거울을 보면서도 말해 보세요.

"방법을 찾아보자. 방법을 좀 바꾸어 보는 것도 좋고. 여하튼 포기는 금물이야."

거울에 말하기 쑥스럽다면, 오늘 있었던 나쁜 일과 그것에 대한 낙관적인 생각을 노트에 써 보는 것도 좋습니다. 비록 이런 일이 벌어졌지만, 내가 할 수 있는 일이 있고, 상황을 반전시킬 기회도 여전히 있다고 써 보는 겁니다. 셀리그먼은 이런 연습을 '낙관적 설명 양식 연습'이라고 합니다. 이것은 사람들이 자신에게 일어난 일의 원인을 설명하는 방식을 긍정적으로 변화시켜 무기력감을 극복하고 성공적인 삶을 살도록 돕는 연습입니다. 즉 부정적인 사건이나 결과를 긍정적으로 해석하는 습관을 들이는 것이죠.

하나 더 조언하면, 나쁜 일이 생겨 비관적인 생각이 자꾸 들 때는 이렇게 반문해 보면 어떨까요.

'그렇게 절망적으로 판단할 필요가 있을까? 내가 할 수 있는 일이 정말 하나도 없을까? 나쁜 일이 정말 그렇게 자주 일어났나? 이 상황을 다르게 볼 여지는 없을까?'

자신에게 이런 질문을 던지고 답하는 과정이 낙관적 설명 양식 연습이 될 겁니다.

비교는 행복과
어떤 관련이 있을까

인간은 '비교 시스템'을 타고납니다. 태어날 때부터 뇌에 새겨져 있어요. 비교 시스템은 구석기 시대의 산물이죠. 구석기 시대에는 가족과 친척들이 일종의 롤모델이었고, 이들과 자신의 능력을 비교하면서 성장해 가는 것이 보편적이었습니다. 마침내 롤모델로 삼은 어른들과 능력이 비슷해지거나 그들보다 더 뛰어나게 되면 가족 공동체에서 중요한 역할을 맡게 되었죠.

구석기 시대의 어린이들과 청소년들은 경쟁하지 않았을 겁니다. 그럴 필요가 없으니까요. 주변 사람들이 가족이고 친척이잖아요. 경쟁은 굉장히 현대적인 개념입니다. 가족이 아닌 사람들, 즉 '남들'보다 더 잘살기 위해 경쟁이라는 개념이 도입되었죠. 산업혁명 이후부터 본격적으로 쓰였고요.

구석기인들의 비교는 '경쟁'이 없는 비교였습니다. 가족의 어른, 마을의 어른들을 보고 배우기 위한 비교, 그들처럼 가족의 생계를 책임질 수 있는 역량을 기르기 위한 비교였죠. 아버지, 삼촌처럼 사냥, 낚시를 잘해야 가족들을 먹여 살릴 수 있고 엄마, 이모처럼 곡식과 과일을 잘 채집해야 후손들을 지킬 수 있으니까요. 이렇게 보면 구석기 시대 사람들에게 비교는 배움과 성장을 위한 비교라고 할 수 있겠습니다. 경쟁이 없는 비교, 배움과 성장을 위한 비교라니, 상상만 해도 행복해지는 비교입니다.

현대 사회의 비교는 좀 끔찍하죠. 유치원 때부터 남과 비교하기 시작하니까요. 긴 설명이 필요 없죠. 현대 사회의 비교는 배움, 성장과는 거리가 좀 멉니다. 구석기 시대의 비교 시스템은 가족과 친척을 롤모델로 삼아 배우고 성장하면서 행복해질 수 있는 것이었는데, 현대에는 롤모델은 없어지고, 경쟁심만 부추깁니다. 행복과는 거리가 먼 시스템이죠. 이런 비교 시스템의 오용이 현대인을 불행하게 합니다.

정보통신 기술의 발전도 비교 시스템의 오용을 부추깁니다. 현실에서의 경쟁도 힘겨운데, 인스타 등의 온라인 세계에서도 비교를 당하니 얼마나 힘들겠습니까. 특히 온라인 세계는 밤낮없이 24시간 내내 가동되잖아요. 능력을 비교당하고, 외모와 재력을 비교당하고, 심지어 큰마음 먹고 떠난 여행지까지 비교 대상이 됩니다. 가혹하죠.

행복으로 이끄는
비교

비교 시스템을 원래 목적에 맞게 써야 우리는 행복해질 수 있습니다. 그러자면 먼저 롤모델을 정하고, 그 롤모델과 비교하는 연습을 해야 합니다. 가족이 롤모델인 것이 가장 좋지만 그게 어렵다면 역사의 위인 혹은 소설이나 드라마, 애니메이션의 인물 중에서 고르는 것도 추천합니다. 그들이 어떻게 노력하고 공부했으며 성장하고 성숙해졌는지 그 과정을 보고 배우세요. 롤모델을 통해 배워야만 비교란 것이 긍정적으로 와닿고 또한 비교가 행복 조건이 됩니다.

비교 시스템을 원래 목적에 맞게 쓰려면 둘째, 의식적으로 자신의 과거와 현재를 비교해야 합니다. 남과 비교하지 말고 내가 어제보다 나아졌는지만 보세요. 3개월 전의 나와 지금의 나를 비교하면서 더 성장한 것이 있는지, 더 성숙해졌는지 살펴보세요. 6개월 전의 나, 1년 전의 나와 비교하면서 더 나아진 점을 찾아보세요. 그러다 보면 자연스럽게 다른 사람과 비교하는 시간이 줄어들고, 머릿속에서 경쟁이라는 단어를 지울 수 있게 될 겁니다. 타인과 치열하게 경쟁하지 않고도 이렇게 살다 보면 성장하고, 행복해집니다.

셋째, 소셜 미디어에서 보내는 시간을 줄이기를 권합니다. 소셜 미디어는 끊임없이 비교와 경쟁을 부추깁니다. 소셜 미디어 사용 시간이 길어질수록 불안하고 우울해진다는 건 이미 과학적으로 증명된 사실이죠. 소셜 미디어는 타인과 비교하는 일 없이 나에 대한 것만 간략히 기록하는 용도로 사용하면 좋겠습니다. 소셜 미디어가 내 다짐과 달리 자꾸 무한 경쟁에 말려들게 한다면, 그때는 과감히 끊길 바랍니다.

우리를 불행하게 하고, 자존감을 떨어뜨리는 나쁜 비교 바이러스를 퇴치합시다. '롤모델과 비교'라는 바이러스 치료제를 복용해 건강을 회복하세요. 타인이 아닌 자신과 경쟁하는 백신을 통해 나쁜 비교 바이러스에 대한 면역력을 키우시길 바랍니다.

은메달리스트는 왜
동메달리스트보다 불행할까

올림픽 때 시상대에 오른 선수들의 표정을 본 적이 있나요? 시상대에 올랐으니 모두 밝게 웃을 것 같지만 실제로는 그렇지 않죠. 금·은·동메달리스트 중 특히 표정이 어두운 사람이 은메달리스트입니다.

왜 이런 현상이 나타날까요? 코넬대학교 심리학자 빅토리아 메드벡과 토마스 길로비치의 연구 결과에서 힌트를 얻을 수 있습니다. 두 교수는 시상대에 오른 메달리스트들의 표정이 다르다는 사실에 주목합니다. 특히 은메달리스트가 행복해 보이지 않았습니다. 시상식 사진을 본 다른 사람들도 그런 시각에 동의했지요.

심지어 메달리스트들은 인터뷰 내용도 메달에 따라 달랐습니다. 금메달리스트는 기뻐하며 도움 준 이들에게 감사를 표했습니다. 동메달리스트는 대부분 메달을 딸 줄 몰랐는데 따게 돼 얼떨떨하고 너무 기쁘다고 밝혔습니다. 은메달리스트는 이렇게 말하는 경우가 많았고요.

"제가 조금 더 열심히 했다면… 마지막 순간에 조금만 더 힘을 냈다면… 컨디션이 조금만 더 좋았다면… 금메달을 딸 수 있었을 텐데… 너무 아쉽네요."

메드벡과 길로비치는 은메달, 동메달리스트들의 이런 반응을 '반사실적 사고'라고 표현했습니다. 반사실적 사고는 존재하지 않지만, 존재했을지도 모를 과거의 일이나 가능성을 가정하면서 생각하는 것을 말합니다. 메드벡과 길로비치는 은메달, 동메달리스트 둘다 반사실적 사고를 하지만 그 내용은 전혀 다르다고 밝혔죠.

빼기형 사고

먼저 동메달리스트는 심리학자들이 '빼기형 사고'라고 부르는 방식으로 반사실적 사고를 합니다. 빼기형이라는 것은 '과거에 그런 일이 없었다면'이라고 가정하는 것인데요, 실제로 존재한 일을 없었던 것처럼 가정해 보는 것이죠. 이를테면 '그때 너의 도움이 없었다면, 그때 옆 레인의 선수가 넘어지지 않았다면, 그때 경쟁자가 부상으로 경기를 포기하지 않았다면, 그때 이 책을 보지 않았다면, 그때 그 소식을 듣지 못했다면' 같은 생각입니다. 동메달리스트들은 보통 인터뷰에서 이렇게 이야기하죠.

"다른 선수가 그때 실수를 하지 않았다면, 메달을 따지 못했을 텐데… 실수를 해서 제가 메달을 따게 된 것 같습니다."

아주 전형적인 빼기형 사고입니다. 빼기형 사고는 행복하고 감사한 마음이 들거나, 뜻하지 않은 선물을 받거나, 의도치 않게 어떤 것을 성취했을 때 많이 나타나죠.

더하기형 사고

하지만 은메달리스트는 달랐습니다. 더하기형 사고를 보입니다. 더하기형은 '과거에 이런 일이 있었다면'이라고 가정하는 것을 말해요. 실제로 존재하지 않았던 일이나 가능성을 있었다고 가정해 보는 겁니다. '그때 공부를 했더라면, 그때 연습을 했더라면, 그때 그 사람을 만났더라면, 그때 코치님의 조언을 받아들였더라면, 그때 그 책을 봤더라면, 그때 숙제를 잘 냈더라면' 등이 그 예입니다. 은메달리스트들은 보통 이런 더하기형 사고를 드러냅니다. '내가 한 발만 더 먼저 내딛었다면, 그때 내가 공격을 했더라면, 그때 내가 피했더라면, 그때 내가 제대로 막았더라면, 그때 내가 고개를 들지 않았다면' 하는 식이지요. 눈치채셨겠지만, 모두 후회와 한탄을 담은 표현입니다. 실제로 더하기형 사고는 후회를 하거나, 슬픔에 잠겼을 때 많이 나타납니다. 은메달리스트 표정이 어두웠던 이유가 바로 이 더하기형 사고에 있는 것이죠.

　이렇게 보면 어떻게 생각하느냐가 정말 중요합니다. 내 생각이 바뀌면 세상이 바뀌고, 인생도 바뀔 수 있다는 사실, 꼭 마음에 새겨 두면 좋겠습니다. 　　　　　　　　　　　　　　　　　　　　☺

감사를 연습해야 하는
이유는 무엇일까

감사란 무엇일까요? 캘리포니아대학교(데이비스) 심리학자 로버트 이먼스는 감사 연구의 권위자죠. 그는 자신의 책들에서 감사를 다음처럼 정의합니다.

> 감사란, 내가 누려 온 것들 혹은 누리고 있는 것들이 당연하지 않다는 것을 깨닫는 것에서 오는 흐뭇하고 벅찬 감정이다.

감사는 일종의 깨달음입니다. 내 능력, 내가 먹는 것, 입는 것 등 내가 갖고 있는 것들이 당연한 것이 아니라는 깨달음에서 온 것입니다. 선물을 받으면 기분이 좋고 고마운 마음이 들죠? 사실 이런 감정은 자연스럽게 생기는 것이 아닙니다. 이 선물을 받는 것이 당연한 것이 아니라는 깨달음이 있어 그런 마음이 드는 겁니다. 만약 선물을 받고도 고마운 마음이 들지 않았다면 그 사람에게선 이런 마음이 일어나지 않은 것일 수 있습니다.

영어로 감사는 'Thank'입니다. Thank는 '생각하다'는 뜻인 Think 에서 파생되었죠. 즉 생각해 깨닫는 과정에서 나온 것이 감사라는 마음입니다. 감사를 한자로 쓰면 느낄 감感에 보답할 사謝입니다. 감感은 다할 함咸에 마음 심心으로 이루어져 있죠. 사謝는 말씀 언言, 몸 신身, 산가지 시矢로 이루어져 있고요. 산가지는 옛날에 수를 세거나 계산할 때 사용하던 도구로, 나뭇가지나 대나무 등을 잘라 만든 막대기입니다. 산가지가 말씀 언, 몸 신과 연결되어 '자신의 언행을 헤아리다, 자신의 언행을 성찰하다'는 의미가 되는 거지요. 자신의 언행을 삶으로 바꾸면, '자신의 삶을 헤아리거나 성찰하다'는 의미가 되고요. 이러한 의미를 앞의 글자 감感과 연결하면, '자신의 삶을 헤아리고 성찰하기 위해 마음을 다하는 것'이 됩니다. 감사란 말은 이런 의미를 품고 있습니다.

감사 연습을 하자!

감사도 연습이 필요합니다. 왜 연습해야 할까요? 감사를 품으면 삶이 아주 크게 달라지기 때문이지요. 구체적으로 어떻게 달라질까요? 이먼스의 연구 결과에 따르면, 일단 감사는 평정심을 유지하게 돕습니다. 지나치게 불안하거나 긴장된 상태 혹은 지나치게 흥분하거나 들뜬 상태 모두에서는 제대로 무언가를 해내기 어렵습니다. 평정심 상태에서 가장 잘 해낼 수 있는데, 이 평정심을 유지하게 돕는 마음이 바로 감사인 겁니다.

또 감사를 품고 사는 사람들은 다른 사람들과 덜 갈등합니다. 감사를 자주 표현하니 다른 사람들과 사이가 나쁠 수가 없습니다. 도움을 받으면 반드시 도움을 주는 이타적인 행동을 하기에 평판이 좋고, 신뢰도 얻습니다. 사람들은 보통 '누구 때문이야'라고 남을 탓하는 사람들을 멀리하고, '당신 덕분입니다'며 남에게 공을 넘기는 사람들을 가까이하고 싶어 합니다. 잠깐만 생각해 봐도 알 수 있는 일이죠. 남 탓만 하는 사람과 같이 지내면 얼마나 피곤하겠어요. 감사가 몸에 밴 사람들은 일이 잘못되었을 때도 평정심을 유지하고 또 일이 잘되었을 때는 타인에게 공을 돌려 주변을 행복하게 합니다. 이런 사람은 인기가 없을 수 없지요.

감사는 정신 건강에도 큰 도움이 됩니다. 연구 결과로도 밝혀진 사실입니다. 예를 들어 감사는 우울증을 치료하거나 완화합니다. 불안을 낮추고, 스트레스를 덜 받게 하니까요. 우울증이나 불안장애 약을 먹는 것보다 감사하기를 실천하는 것이 더 효과적이라는 연구도 있습니다. 약은 증상을 완화할 뿐 근본적인 해결책이 되지 못하는 반면, 감사하기는 우리 뇌에 없는 '행복 회로'를 구축하는 데 직접적인 영향을 주기 때문이죠.

감사는 몸이 아픈 사람에게도 큰 도움이 됩니다. 일례로 수술 후 통증을 줄여 줍니다. 감사하는 사람이 그렇지 않은 사람에 비해 두통, 근육통, 요통, 배탈(설사) 등을 덜 겪는 것으로 나타났습니다. 심혈관질환이나 뇌질환(인지장애)에 걸릴 확률도 더 낮고, 결과적으로 더 오래 산다고 하네요.

감사 목록 쓰기

그럼, 감사는 어떻게 해야 습관처럼 몸에 밸까요? 가장 쉬운 실천법은 '감사 목록 쓰기'입니다. 자기 전이나 하루를 마무리하는 시점에 쓰면 좋습니다. 저는 매일 3개씩 씁니다. 스마트폰 메모지에 쓰는 건 별로 권하고 싶지 않습니다. 우리 뇌는 손으로 쓰는 걸 좋아해요. 손을 쓸 때 더 행복해합니다.

감사 목록을 처음부터 10개, 20개씩 채우려고 하지 마세요. 조금씩 늘려 가세요. 감사 연습이 안 되어 있는데, 무조건 많이 쓰려고 하면 감사가 하나의 일처럼 느껴져 오히려 스트레스를 받을 수 있습니다.

감사 목록을 쓸 때는 20분을 넘기지 않는 게 좋습니다. 그동안 당연시했던 것들 위주로 떠올리면 금방 3개가 떠오를 겁니다. 오늘 숨을 잘 쉰 것도 당연하지 않은 것이고, 오늘 날씨가 좋았던 것도 당연하지 않은 것이며, 오늘 걸을 수 있었던 것도 당연하지 않은 일이죠.

감사 목록 쓰기에 어느 정도 익숙해지면, 조금 더 긴 글쓰기로 나아가 보세요. '감사 일기'를 써 보는 거죠. 감사 목록 쓰기가 짧은 메모였다면, 감사 일기는 스토리가 있는, 의미 있는 글쓰기입니다. 어떤 일이 있었는지, 어떤 생각을 했는지, 왜 감사했는지를 스토리를 중심으로 쓰는 것이죠. 하루에 한 사례씩 써도 좋고, 두 가지 이상을 써도 좋습니다. 다이어리 등에 손으로 매일 쓰는 것이 중요합니다. 감사 목록 쓰기처럼 하루를 마무리하는 시간에 쓰는 것이 좋고요.

문법이나 맞춤법은 너무 신경 쓰지 마세요. 쓰는 것이 중요합니다. 일기 분량은 정해져 있지 않지만, 일기 쓰기에 30분 이상은 쓰지 마세요. 쓰다 보니 1시간이 후딱 지나간 경우라면 몰라도요. 적은 양이라도 매일 쓰는 것이 더 중요하니까요.

불평할수록 불평거리가 늘어나듯이, 감사하면 감사할 일이 늘어납니다. 그냥 하는 조언이 아니라, 심리학의 원리이자 뇌과학의 원리가 그렇습니다.

미래를 어떻게
대비해야 할까

"너는 꿈이 뭐니?"

어릴 때 누구나 한번은 이런 질문을 받았을 겁니다. 왜 어른들은 자꾸 꿈을 가지라고 할까요? 꿈, 꿈 하는 바탕에는 아주 오래된 교육심리학 이론이 깔려 있습니다. 유명한 교육심리학자 에릭 에릭슨이 1950년대에 정립한 '성인 발달 이론'('심리 사회성 발달 이론'이라고도 함)입니다. 이 이론의 핵심은 연령대별로 반드시 달성해야 하는 과업이 있다는 것입니다. 이를테면 10대에는 '직업적 정체성'이 확립돼 있어야 한다고 주장하죠. 쉽게 말하면, 앞으로 어떤 일을 할 건지 정해 놓아야 한다는 말입니다. 이런 성인 발달 이론이 지금까지도 영향을 미치고 있습니다.

10대에 직업을
정하던 시대

거의 모든 나라의 교육 과정이 비슷합니다. 10대 시기에는 정체성 확립을 목표로 삼습니다. 10대가 끝날 무렵에는 대학 입시를 치르고 전공을 정해 대학에 진학하는 식이죠. 앞으로 어떤 직업을 선택할지 정하고서 고등학교를 졸업하게 합니다. 학교에서 장래 희망 직업을 계속 물어보고, 직업 적성 검사나 흥미 검사 같은 것을 꾸준히 실시하는 이유이기도 하죠. 심지어 성격 검사도 적성에 맞는 직업을 찾는 용도로 쓰입니다.

성인 발달 이론은 20세기 후반까지도 힘을 발휘했습니다. 그때까지만 해도 사람의 기대수명이 60세 정도였으니, 10대에 직업을 정해야 한다고 본 거지요. 우리나라만 해도 한창 경제 발전에 힘을 쏟던 1970년대에 기대수명이 60세 정도였습니다. 에릭슨의 이론이 딱 맞아떨어졌죠. 10대에 이미 어떤 직업을 가질지 정하게 했을 뿐 아니라 심지어 공업고등학교나 상업고등학교에 진학시켜 미리 직업 교육까지 받게 했습니다. 이 시대에는 다들 20대에 취직해 평생 그 일을 하다 세상을 떠나는 건 줄 알았죠.

계속 배워야 하는
21세기

21세기에 들어서면서 기대수명이 90세를 넘어 이제 100세까지로 늘어났습니다. 50대에 은퇴할 경우 40~50년을 더 살아야 합니다. 기술이 빠르게 발전해 더는 학창 시절에 배운 것만으로는 취업이 어려워지고 있습니다. 대학교 지식으로도 모자라 대학원 교육까지 요구하는 시대가 되었죠. 에릭슨 이론이 들어맞지 않게 된 겁니다. 지금의 10대들은 직업을 미리 정할 수 없고 그래서도 안 될 것 같습니다. 세상이 급변하니까요. 요즘 대학에서 '자유 전공'을 늘리는 배경이기도 합니다.

펜실베이니아대학교(와튼스쿨) 조직심리학자 애덤 그랜트는 자신의 책 《오리지널스》에서 흥미로운 통계를 들려줍니다. 대학 졸업자는 대부분 대기업이나 공기업에 들어가고 싶어 하는데, 정작 이런 직장에 들어가려면 이력서와 자기소개서를 몇 개나 써야 하는지는 잘 모른다는 것입니다. 최소한 150개에서 200개를 써야 한다고 합니다. 탄식이 절로 나오죠? 저도 이 통계 수치를 보고 깜짝 놀랐습니다.

1970~80년대에는 대학만 졸업하면 대기업, 은행, 공기업 등 손으로 꼽는 일터에 어렵지 않게 들어갈 수 있었거든요. 사회에서 엘리트로 대우받았고요. 지금은 꿈도 꿀 수 없는 일이죠. 그나저나 이력

서를 200개 가까이 제출해야 한다면, 과연 전공을 살릴 수나 있을 까요? 10대에 꿈꿨던 일을 할 수나 있을까요? 거의 불가능하다고 봐야 합니다. 전공을 살릴 수 있는 이력서는 30번 정도일 겁니다. 이 후에는 낙담한 채 전공과 비슷하거나 관련 없는 곳에 이력서를 넣 게 되죠.

이력서를 낸 후 서류 전형에서 합격할 확률은 또 얼마나 될까요? 그러니까 면접을 보게 될 확률 말입니다. 그랜트 교수는 이번에도 충격적인 수치를 밝힙니다. 200여 군데 이력서를 보내면 1.5개 회 사에서 면접 기회를 준다는 겁니다. 이 한두 곳은 전공과 관련이 있 는 곳일까요? 당연히 아니죠. 10대에 하고 싶었던 일과 관련된 곳일 까요? 당연히 아닐 겁니다. 어떻게 이런 곳에서 나를 뽑으려고 하나 싶은 곳에서 연락이 올 확률이 높죠.

전공도 아니고 원하던 일도 아니니, 면접을 거절해야 할까요? 면 접은 보되 뽑혀도 가지 말아야 할까요? 그랜트는 그러면 안 된다고 조언합니다. 전혀 전공, 관심과 무관하더라도 그곳에서 경력을 쌓기 시작해야 한다고 말이죠. 그래야 다음 기회가 생기고, 또 다른 길이 열리거든요. 가지 않으면, 기회의 문도 닫히고, 길도 없어집니다. 그 래서 생각해 보지 않은 길이더라도 기회가 생기면 가야 합니다. 그 런 후 3년에서 5년 뒤 이직이나 전직 기회를 노려 보는 겁니다.

이제 10대에게 어떤 직업을 가질 거냐고 다그치지 마세요. 그 대 신 급변하는 세상에 대응할 준비를 잘 하고 있는지 물어보면 좋겠습니다. 하나의 정체성, 하나의 직업만으로는 살 수 없는 세상이니까요.

이런 흐름을 받아들여야 행복할 수 있습니다. 제2, 제3의 인생이 계속 펼쳐질 거라고 받아들인 후 계속 배워야 합니다. 한 가지만 좇다가는 다른 여러 가능성을 놓칠 수 있으니까요. 그 어느 때보다 열린 자세가 필요한 시대입니다.

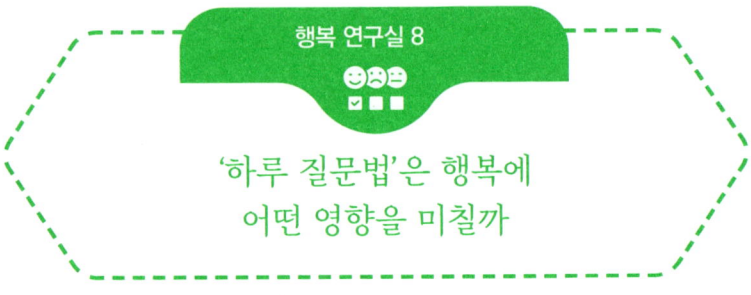

'하루 질문법'은 행복에
어떤 영향을 미칠까

심리학에서 '동기'는 '어떤 것을 하고 싶은 마음'을 말하는데요. 즉 어떤 행동을 시작하고, 그 행동의 방향을 결정하며, 그 행동을 지속하게 만드는 근본적인 힘이나 원인을 뜻합니다. 매일 책을 읽으려면 책을 읽고 싶은 마음을 유지하는 것이 필요하고, 또 매일 글을 쓰려면 글을 쓰고 싶은 마음을 유지하는 것이 필요하죠.

그런데 문제는 동기가 충분하지 않아도 뭔가를 해야 할 때가 있다는 것입니다. 회사에 다니는 프로그래머가 동기가 충분치 않다고 코딩을 안 할 수 있나요? 웹툰 작가가 동기가 충분치 않다고 느닷없이 연재를 중단할 수 있나요? 아주 특별한 이유가 있지 않는 한 엔간해서는 그럴 수 없지요.

트리거를 찾아라!

그럼 동기도 충분하고, 나에게 중요하고 의미도 있는 일을 할 방법은 없는 걸까요? 다행히 있습니다. 실행심리학의 대가 마셜 골드스미스는 오랜 연구 끝에 자신의 책 《트리거》에서 트리거를 찾으면 된다고 밝힙니다. 트리거는 '방아쇠, 계기'라는 뜻인데요, 어떤 일을 시작하게 만드는 방아쇠, 계기라는 의미입니다. 트리거가 있다면 매일 목표를 향해 나아갈 수 있겠죠.

　트리거는 어떻게 찾을 수 있을까요? 골드스미스는 '하루 질문법'을 제안합니다. 하루 질문법은 매일 자기 전 혹은 하루를 마무리하는 시간에 내일 할 일들을 잘 해내기 위해 얼마나 최선을 다할 것인지 자신에게 묻고 답하는 것을 말합니다. 여기서 대답은 서술형으로 작성해야 하고, 추상적이어서는 안 됩니다.

하루 질문법

① 내일 행복한 하루를 만들기 위해 어떻게 최선을 다할 것인가?

_____

_____

_____

_____

_____

② 내일 삶이 의미, 가치, 보람 있게 하기 위해 어떻게 최선을 다할 것인가?

_____

_____

_____

_____

_____

③ 내일 다른 사람들과 긍정적인 관계를 맺기 위해 어떻게 최선을 다할 것인가?

_____

_____

_____

_____

_____

④ 내일 자기 계발, 공부, 연습, 훈련에 몰입하기 위해 어떻게 최선을 다할 것인가?

_____

_____

_____

_____

_____

⑤ 내일 일정 시간 동안 운동하기 위해 어떻게 최선을 다할 것인가?

_____

_____

_____

_____

_____

⑥ 내일 일정 시간 동안 푹 자기 위해 어떻게 최선을 다할 것인가?

_____

_____

_____

_____

_____

⑦ 내일 가치 없는 일에 시간과 에너지를 낭비하지 않기 위해 어떻게 최선을 다할
   것인가?

_____

_____

_____

_____

_____

위의 예처럼 자신에게 질문하고 대답을 구체적으로 작성해 보는 것이 하루 질문법의 기본 형식입니다. 질문의 개수는 정해져 있지 않습니다. 2, 3개여도 상관없습니다. 중요한 것은 내일을 의미 있고 가치 있게 만들기 위해 고민하고, 구체적인 실행 방법을 떠올리는 것에 있으니까요. 물론 하루 질문법에 익숙해지면 질문 개수를 10개 정도로 늘려도 좋습니다. 그런데 10개 이상으로 늘리지는 마세요. 실천하기 어려워지니까요.

내일 일을 잘 해낼 수 있다!

골드스미스는 하루 질문법을 계속하다 보면 다음과 같은 점들이 좋아진다고 밝힙니다. 먼저 내일 일을 생각하는 과정에서 오늘을 자연스럽게 돌아보게 된다는 것입니다. 또 내일 할 일들을 잘 해낼 확률이 아주 높아진다는 것입니다. 왜냐하면 목표를 달성하기 위한 구체적인 방법을 마련해 놓았기 때문이지요. 7번 질문처럼 목표 달성에 방해가 되는 일들을 하지 않을 방법도 묻기 때문에 목표 달성률이 높아집니다. 결국 하루 질문법은 건강한 습관을 길러 준다고 할 수 있습니다. 습관이 생기면 하루 질문법 없이도 매일 가치 있는 일을 하게 되겠지요.

하루 질문법은 다양하게 활용할 수 있습니다. 타인과 좋은 인간관계를 맺기 위해, 반려동물과 잘 지내기 위해서도 쓸 수 있습니다.

질문한 습관이 몸에 배면 그 질문은 빼내고, 새로 습관으로 만들고 싶은 것을 질문에 넣으면서 말입니다. 예를 들어, '내일 운동을 하기 위해 어떻게 최선을 다할 것인가?'를 질문했는데 이후에 운동하는 습관이 뱄다면, 다음부터는 '내일 책을 읽기 위해 어떻게 최선을 다할 것인가?'라는 새로운 질문을 추가할 수 있다는 겁니다. 막 반려동물과 살게 된 보호자는 '내일 반려동물과 산책하기 위해 어떻게 최선을 다할 것인가?'라는 질문을 넣을 수 있겠고요. 내 인생을 바꾸는 하루 질문법, 꼭 적용해 보세요! ☺

건강한 습관은
어떻게 만들 수 있을까

어떤 분들은 건강한 습관을 가진 사람들은 인내심을 타고난 거라고 말합니다. 과연 그럴까요? 인내심이 대단해서 좋은 습관이 밴 것일까요?

전략을 잘 짜자!

습관 전문가인 서던캘리포니아대학교 심리학자 웬디 우드는 자신의 책 《해빗》에서 건강한 습관을 가진 사람들은 인내심이 강해서가 아니라 '상황 제어'를 잘하는 사람들이라고 밝힙니다. 상황 제어는 특정 습관을 형성하거나 끊기 위해 환경을 일부러 조작하거나 재배치하는 행동 치료 기법을 말합니다. 원하는 행동이 일어나기 쉬운 환경을 만들거나, 원하지 않는 행동을 유발하는 환경을 제거함으로써 습관을 형성하는 데 유리한 조건을 만드는 것이죠.

상황 제어를 잘 설명해 주는 대표적인 것이 그 유명한 마시멜로 테스트입니다. 마시멜로 테스트는 1960~70년대 스탠퍼드대학교 심리학자 월터 미셸이 유치원생(4~6세)을 대상으로 진행한 실험이에요. 실험자는 아이를 혼자 방에 남겨 둡니다. 책상에 마시멜로 한 개를 놓아두고는 아이에게 "이 마시멜로를 먹고 싶을 텐데, 내가 잠시 나갔다 돌아올 때까지(약 15분) 먹지 않고 참으면, 마시멜로 한 개를 더 줄게" 하고 제안하죠. 아이가 마시멜로를 먹지 않고 기다릴 수 있는지 혹은 유혹을 이기지 못하고 먹어 버리는지를 관찰하려는 것이 목적입니다.

마시멜로를 먹은 아이들도 있지만 꾹 참은 아이들도 있었습니다. 이 아이들은 어떻게 참았을까요? 한 아이는 마시멜로를 보지 않으려고 돌아앉았습니다. 다른 아이는 하늘을 쳐다보면서 동요를 불렀습니다. 어떤 아이는 눈을 감고 동요를 불렀고요. 자세는 달랐지만, 이유는 모두 같았죠. 마시멜로를 보면 안 된다! 즉 보면 먹고 싶으니까 보지 않기 위해 이런저런 '전략'을 쓴 겁니다.

우드는 건강한 습관을 가진 사람들은 인내심이 강해서가 아니라 이 아이들처럼 전략을 잘 쓴 덕분에 그런 습관을 가질 수 있었다고 강조합니다. 오히려 마시멜로를 먹지 않은 아이들은 자신의 인내심이 얼마나 형편없는지를 잘 알고 있었습니다. 그래서 먹지 않기 위해 인내심을 발휘할 만한 상황 자체를 제거해 버린 거지요. 절제해야 하는 상황, 유혹을 보면서 참아야 상황 자체를 만들지 않았다는 겁니다.

만만하게 시작할 것!

건강한 습관을 들이고 싶다면 상황 제어에서 멈춰서는 안 됩니다. 상황 제어를 한 후엔 본격적으로 생산적인 일을 시작해야 합니다. 시작이 반이라고 하죠. 일단 시작하면 뭔가를 이루어 낼 확률이 높아지니까요. 상황 제어까지는 잘했는데, 일을 시작하지 못하는 사람들도 있습니다. 어떤 일을 시작하지 못하는 현상을 '착수 장애'라고 하지요.

착수 장애는 어떻게 극복할 수 있을까요? 우선 일을 '만만하게' 시작하세요. '할 만한데' 싶은 수준에서 시작하세요. 글을 쓰기로 마음먹은 첫날부터 A4 10장을 쓰겠다고 하지 마세요. A4 반쪽이 적당할 겁니다. 운동을 시작하기로 마음먹은 첫날인데 팔굽혀펴기 100개를 하겠다고요? 오늘은 10개만 해 보세요. 이렇게 결정하는 것도 실은 상황 제어죠. 인내심을 쥐어짜면서 해야 하는 상황을 만들지 말라는 얘기입니다. 그러면 금방 지쳐 쉽게 포기할 수 있으니까요.

제 경우는 이런 방법을 자주 씁니다. 미루어 두었던 책이나 논문을 읽어야 할 때 특히 그렇습니다. 처음에는 '일단 한 줄만 읽자'며 스스로를 다독입니다. 여하튼 그러면 시작하게 됩니다. 그 순간 신기한 일이 벌어지죠. 한 줄을 읽었나 싶은 순간, 이미 다음 줄을 읽고 있는 겁니다. 또 다음 줄, 다음 줄 읽어 내려갑니다. 그러다가 문득 한 문단을 다 읽어 버린 저를 발견하죠.

이때 주문을 한 번 더 외웁니다. '딱 한 번만 더 해 볼까?' 그러다 보면 어느 순간 몰입해 책이나 논문을 다 읽은 저를 인식하게 되죠. 여러분도 한번 해 보세요. 딱 한 사람만 그려 보자, 딱 한 줄만 코드를 짜 보자, 이런 식으로요.

건강한 생활 습관 만들기

건강한 생활 습관을 들이고 싶다면, '실행 의도'가 좋은 방법이 될 것입니다. 실행 의도란 개념은 뉴욕대학교 심리학자 피터 골비처가 만든 건데요, 목표 달성을 위해 "만약 ~하면, 나는 ~하겠다" 같은 형태로 구체적인 행동 계획을 세우는 것을 말합니다. 여기서 기억할 점은 "만약 ~하면"에 해당하는 일은 반드시 일어날 일이어야 한다는 것입니다. 반드시 일어날 일 뒤에 내가 할 일을 연결하는 것이죠. 예를 들어, 산책을 매일 하고 싶은데 그 시간이 저녁밥을 먹은 직후이기를 바란다면, "저녁밥을 먹으면, 산책을 하겠다"고 해야 실행 의도가 된다는 것입니다. 저녁밥을 자주 거르는 사람이라면 이런 실천을 하기 어렵겠죠.

실행 의도는 좋은 생활 습관을 굳히는 데 큰 도움이 된다고 합니다. 다양한 연구 결과로도 증명이 되었어요. 매일 아침을 먹는 사람이라면, 아침 먹은 후 잠깐이라도 책을 읽겠다고 마음먹으면 성공할 확률이 높죠. 매일 저녁에 뉴스를 보는 사람이라면 뉴스를 본 후 일기를 쓰겠다는 전략을 쓰면 성공할 가능성이 커지고요.

이처럼 실행 의도는 이미 있는 습관에 다른 습관을 연결하기 때문에 '습관 잇기'라고도 합니다. 습관 잇기는 계속할 수 있습니다. 예를 들어, 매일 저녁을 먹는 사람이라면 저녁을 먹은 후 일기를 쓰고, 일기를 쓴 후 운동을 하고, 운동을 한 후 양치질을 할 수 있는 거죠. 이처럼 좋은 습관 여러 개를 연결하는 것을 '습관 연쇄'라고 합니다.

이처럼 건강한 습관을 만드는 방법이 있다니 신기하죠? 여러분도 방법대로 한번 해 보세요.

어떤 사람들을
피해야 할까

나쁜 사람을 알아보고 피하는 것은 좋은 사람을 알아보는 것 이상으로 중요합니다. 그래서 준비해 봤습니다. 여러 연구로 밝혀진 악당 중의 악당들의 특징 말이지요. 여러 연구 중 웨스트플로리다대학교의 피터 조너선과 플로리다대학교의 그레고리 웹스터가 함께한 〈어둠의 3요소Dark Triad〉를 소개하려고 합니다. 이 연구를 통해 드러난 악당들의 특징은 무엇일까요? 어떤 사람들을 피해야 할까요?

마키아벨리즘 성향

우선 '마키아벨리즘 성향'을 가진 사람을 피해야 합니다. 어떤 사람들일까요? 첫째, 자신의 목적을 위해 거짓말하는 것에 능합니다. 한 여성이 남자친구가 보고 싶어서 전화를 합니다. 남자친구는 다 죽어 가는 목소리로 아프다며 다음에 보자고 하네요. 여성은 감기약이라도 사다 주고 싶습니다. 약을 사서 남자친구 집으로 향합니다. 그런데 이게 웬일입니까? 남자친구가 멋지게 차려입고 집에서 나오는 겁니다. 알고 보니, 여성 몰래 클럽에 가려고 거짓말을 한 겁니다. 이런 사람이면 뒤도 돌아보지 말고 연락을 끊으세요. 나뿐 아니라 이 친구 저 친구에게 돈을 빌려 명품을 사는 친구가 있나요? 당장, 연락처를 차단하세요.

둘째, 마키아벨리즘 성향의 사람은 자신의 목적을 위해 누군가를 조종하는 것에 능합니다. 가스라이팅gaslighting이란 말 들어 보았을 겁니다. 우리말로는 '심리 지배(정서적 착취)'라고 하죠. 가해자는 상대방의 마음을 교묘하게 조작해서 상대방이 스스로 의심하고 판단하는 힘을 잃게 만듭니다. 그러곤 상대방을 지배하고 통제합니다. "너는 나 없으면 안 돼! 나 없으면 어쩔 뻔했어?" 이런 말을 자주 한다면 가스라이팅을 의심해 봐야 합니다. 가스라이팅을 하는 사람들이 즐겨 쓰는 말이거든요.

나르시시즘 성향

다음으로 피해야 할 대상은 나르시시즘 성향을 가진 사람들입니다. 이런 사람들의 특징은 무엇일까요? 일단 자신이 아주 특별한 사람이라고 믿습니다. 이들은 외모나 재산, 지위 등을 과시하며 자신이 얼마나 우월한지 드러내려 애쓰죠. 당연히 타인을 자신보다 못한 존재로 내려다봅니다. 이런 타인들이 자신의 약점을 들추거나 자신을 비판하면 분노하며 공격하죠. 잘난 사람을 보면 깎아내리고 시기하느라 정신이 없고요.

나르시시즘 성향을 가진 사람들은 타인을 그저 자신을 돋보이게 하는 수단으로 여깁니다. 타인을 끊임없이 자신에게 관심을 보이고 존경심을 보여야 하는 존재로 생각하죠. 그렇게 해 주지 않으면 불쾌감을 드러내고요. 이런 태도에서 짐작할 수 있듯이 이들은 워낙 자기중심적이라 타인의 고통이나 어려움 등에는 공감하지 못합니다. 친밀한 관계의 사람조차 소유물로 여기고 필요할 때마다 이용하려고 합니다. 이런 사람들을 가까이해야 할까요? 당연히 밀어내야 합니다.

사이코패스 성향

마지막으로 피해야 할 대상은 사이코패스 성향의 사람들입니다. 사이코패스는 '누군가에게 해가 될 걸 알면서도 그 일을 행하고, 자신이 한 일에 죄책감이나 양심의 가책을 느끼지 않는 사람'을 말합니다. 가끔 어떤 분들은 사이코패스가 남에게 해가 될 줄 모르고 그런 일을 했다고 생각하던데요, 그렇지 않습니다. 이들은 자기 행동이 누군가에게 해를 입힌다는 사실을 분명히 알고 그 일을 한 겁니다. 다만 자신의 행동이 진짜 나쁜 짓이라는 자각이 없을 뿐이지요. 사이코패스를 단순히 공감 능력이 부족한 이들로 생각했다면, 그것도 큰 착각입니다. 누구를 다치거나 아프게 하는 상상을 '즐기는' 사람이 있다면, 사이코패스 성향이 다분한 사람입니다. 빨리 피하시길 바랍니다.

사이코패스 성향을 가진 사람들의 또 다른 특징은 겁이 없다는 것입니다. 이들은 위험한 일을 겁내지 않으며, 무서워하지도 않습니다. 공포감을 느끼지 않기 때문이죠. 즐거움과 재미, 쾌락은 느끼지만, 공포감과 죄책감 등은 느끼지 못합니다. 무서울 게 없는 사람들이죠.

또 사이코패스 성향의 사람들은 어떤 상황에서도 냉정한 판단을 내립니다. 갑자기 상황이 변하거나 위기에 빠졌을 때, 사람들은 보통 당황하고 심할 경우 몸을 덜덜 떨죠. 하지만 사이코패스 성향의 사람들은 침착합니다. 이런 특성으로 인해 사회적으로 성공한 사이코패스가 등장하는 겁니다. 언제나 객관적인 시각을 유지하고, 냉철하고 합리적인 판단을 할 수 있으니까요. 하지만 이 침착함이 타인을 공격하는 무기로 돌변하면 그 순간 지옥 문이 열립니다.

지금까지 말한 이 세 부류의 사람들은 멀리하고, 따듯하고 좋은 사람들을 만나 행복한 인생을 만들어 가길 바랍니다. ☺

행복에 관한 모든 질문

초판 1쇄 발행 2025년 10월 15일

지은이 | 이국희
펴낸곳 | (주)태학사
등록 | 제406-2020-000008호
주소 | 경기도 파주시 광인사길 217
전화 | 031-955-7580
전송 | 031-955-0910
전자우편 | thspub@daum.net
홈페이지 | www.thaehaksa.com

편집 | 조윤형 여미숙 김태훈
마케팅 | 김민선
경영지원 | 김영지

ⓒ 이국희 2025. Printed in Korea.

값 16,800원
ISBN 979-11-6810-391-7 43180

"주니어태학"은 (주)태학사의 청소년 전문 브랜드입니다.

책임편집 여미숙
디자인 이유나